INTERVENÇÕES COLETIVAS
A INSTITUCIONALIZAÇÃO DOS COLETIVOS DE ARTISTAS NO INÍCIO DO SÉCULO XXI

Editora Appris Ltda.
1.ª Edição - Copyright© 2024 da autora
Direitos de Edição Reservados à Editora Appris Ltda.

Nenhuma parte desta obra poderá ser utilizada indevidamente, sem estar de acordo com a Lei nº 9.610/98. Se incorreções forem encontradas, serão de exclusiva responsabilidade de seus organizadores. Foi realizado o Depósito Legal na Fundação Biblioteca Nacional, de acordo com as Leis nºs 10.994, de 14/12/2004, e 12.192, de 14/01/2010.

Catalogação na Fonte
Elaborado por: Dayanne Leal Souza
Bibliotecária CRB 9/2162

M672i 2024	Miranda, Ana Carolina Freire Accorsi Intervenções coletivas: a institucionalização dos coletivos de artistas no início do século XXI / Ana Carolina Freira Accorsi Miranda. – 1. ed. – Curitiba: Appris, 2024. 120 p. : il. ; 23 cm. – (Coleção Ciências Sociais). Inclui referências. ISBN 978-65-250-6967-8 1. Coletivos de artistas. 2. Institucionalização. 3. Sociologia da arte. I. Miranda, Ana Carolina Freire Accorsi. II. Título. III. Série. CDD – 306.47

Livro de acordo com a normalização técnica da ABNT

Appris *editora*

Editora e Livraria Appris Ltda.
Av. Manoel Ribas, 2265 – Mercês
Curitiba/PR – CEP: 80810-002
Tel. (41) 3156 - 4731
www.editoraappris.com.br

Printed in Brazil
Impresso no Brasil

Ana Carolina Freire Accorsi Miranda

INTERVENÇÕES COLETIVAS
A INSTITUCIONALIZAÇÃO DOS COLETIVOS DE ARTISTAS NO INÍCIO DO SÉCULO XXI

Appris
editora

Curitiba, PR
2024

FICHA TÉCNICA

EDITORIAL — Augusto Coelho
Sara C. de Andrade Coelho

COMITÊ EDITORIAL — Ana El Achkar (Universo/RJ)
Andréa Barbosa Gouveia (UFPR)
Antonio Evangelista de Souza Netto (PUC-SP)
Belinda Cunha (UFPB)
Délton Winter de Carvalho (FMP)
Edson da Silva (UFVJM)
Eliete Correia dos Santos (UEPB)
Erineu Foerste (Ufes)
Fabiano Santos (UERJ-IESP)
Francinete Fernandes de Sousa (UEPB)
Francisco Carlos Duarte (PUCPR)
Francisco de Assis (Fiam-Faam-SP-Brasil)
Gláucia Figueiredo (UNIPAMPA/ UDELAR)
Jacques de Lima Ferreira (UNOESC)
Jean Carlos Gonçalves (UFPR)
José Wálter Nunes (UnB)
Junia de Vilhena (PUC-RIO)

Lucas Mesquita (UNILA)
Márcia Gonçalves (Unitau)
Maria Aparecida Barbosa (USP)
Maria Margarida de Andrade (Umack)
Marilda A. Behrens (PUCPR)
Marília Andrade Torales Campos (UFPR)
Marli Caetano
Patrícia L. Torres (PUCPR)
Paula Costa Mosca Macedo (UNIFESP)
Ramon Blanco (UNILA)
Roberta Ecleide Kelly (NEPE)
Roque Ismael da Costa Güllich (UFFS)
Sergio Gomes (UFRJ)
Tiago Gagliano Pinto Alberto (PUCPR)
Toni Reis (UP)
Valdomiro de Oliveira (UFPR)

SUPERVISORA EDITORIAL — Renata C. Lopes

PRODUÇÃO EDITORIAL — Sabrina Costa

REVISÃO — Bruna Fernanda Martins

DIAGRAMAÇÃO — Andrezza Libel

CAPA — Mateus Porfírio

REVISÃO DE PROVA — Bruna Santos

COMITÊ CIENTÍFICO DA COLEÇÃO CIÊNCIAS SOCIAIS

DIREÇÃO CIENTÍFICA — **Fabiano Santos (UERJ-IESP)**

CONSULTORES — Alícia Ferreira Gonçalves (UFPB)
Artur Perrusi (UFPB)
Carlos Xavier de Azevedo Netto (UFPB)
Charles Pessanha (UFRJ)
Flávio Munhoz Sofiati (UFG)
Elisandro Pires Frigo (UFPR-Palotina)
Gabriel Augusto Miranda Setti (UnB)
Helcimara de Souza Telles (UFMG)
Iraneide Soares da Silva (UFC-UFPI)
João Feres Junior (Uerj)

Jordão Horta Nunes (UFG)
José Henrique Artigas de Godoy (UFPB)
Josilene Pinheiro Mariz (UFCG)
Leticia Andrade (UEMS)
Luiz Gonzaga Teixeira (USP)
Marcelo Almeida Peloggio (UFC)
Maurício Novaes Souza (IF Sudeste-MG)
Michelle Sato Frigo (UFPR-Palotina)
Revalino Freitas (UFG)
Simone Wolff (UEL)

Dedico este livro ao meu amado Pai.

AGRADECIMENTOS

Primeiramente, agradeço à minha família, depois aos queridos amigos de infância. Agradeço também à professora doutora Lígia Dabul (UFF) e aos colegas da UFF e do Núcleo de Estudos Cidadania Trabalho e Arte (Nectar/UFF), os quais foram essenciais na delimitação do meu objeto de estudo e na minha entrada em campo no mundo da arte contemporânea.

Agradeço imensamente a orientação da professora doutora Sabrina Parracho Sant'Anna (UFRRJ) na dissertação de mestrado que deu origem a este livro. E também à professora doutora Glaucia Villas Bôa (UFRJ), que esteve presente nas bancas avaliadoras desta pesquisa e que veio a ser minha orientadora de doutorado. Aos colegas do Núcleo de Pesquisa em Sociologia da Cultura (Nusc/UFRJ). Um agradecimento muito especial, também, à minha tia Vera Lúcia Miranda, pela sua dedicação na realização da revisão gramatical do meu texto; e à Gislaine, minha terapeuta desde sempre.

Figura 1 – Performance de Raphi Soifer "Cada um no seu quadrado", em frente à ocupação interditada no bairro da Lapa pelo Choque de Ordem da Prefeitura do Rio de Janeiro em 2010

Fonte: fotografia do acervo pessoal de pesquisa da autora

PREFÁCIO

Intervenções coletivas: a institucionalização dos coletivos de artistas no início do século XXI apresenta importante debate sobre o mundo da arte neste conturbado início de milênio. O livro, que ora vem a público, é resultado de intensa pesquisa sobre temas centrais para a arte contemporânea brasileira. Centrado na perspectiva da Sociologia da Arte, o presente volume se debruça sobre o adensamento de práticas em torno de produtos artísticos que são realizados coletivamente – um truísmo, como já demonstrou Howard Becker –, mas que são realizados por grupos que passam a deliberadamente se designar como coletivos.

Em 2009, o *Dicionário Houaiss da Língua Portuguesa* definia o verbete *coletivo* como adjetivo "1. que abrange várias pessoas ou coisas; 2. que pertence a várias pessoas". O dicionário se referia, ainda, ao uso gramatical da palavra: "3. diz-se do numeral que designa um conjunto de entidades com um número inteiro (p.ex. *dezena, dúzia, centena* etc.)". Em sua forma substantivada, no entanto, o verbete definia *coletivo* apenas como: "4. veículo para transporte coletivo (ônibus, bonde etc.)", ou "5. aquilo que diz respeito a toda a coletividade (*indivíduos que se preocupam mais com o individual que com o c.*)". Em 2009, o Houaiss descrevia ainda o uso gramatical da palavra. À época, não havia menção ao uso do substantivo para designar o fenômeno descrito por Ana Carolina Miranda.

Hoje, ao fim de 2021, é fácil perceber que a categoria ganhou ampla difusão. Seu novo uso está registrado em diversos dicionários on-line. No Dicionário Priberam, por exemplo, além das designações do Houaiss de 2009, a primeira definição do verbete como substantivo o apresenta como: "conjunto de indivíduos que formam uma unidade em relação a interesses, sentimentos ou ideais comuns (ex.: coletivo de artistas). = coletividade, comunidade"[1].

Como já nos dizia Renato Poggioli, o surgimento de um "novo conceito" indica um "novo fato". Com efeito, o trabalho aqui exposto tem o indiscutível mérito de perceber e historicizar o surgimento de um fenômeno novo, que tem impacto central sobre o mundo em que vivemos. Ao descrever o processo de difusão e institucionalização dos coletivos na arte contemporânea,

---

[1] "**coletivo**", in Dicionário Priberam da Língua Portuguesa (em linha). 2008- 2021. Disponível em: https://dicionario.priberam.org/coletivo. Acesso em: 15 nov. 2021.

a autora descreve com propriedade as disputas e tensões que, no mundo da arte, fizeram surgir, num momento histórico preciso, novos processos de criação mais ou menos formalizados e discursos capazes de difundi-los e fazê-los prosperar. Se a constituição de instituições emerge, de fato, das práticas cotidianas que recursivamente se cristalizam organizando a vida social, a autora recorre a um conjunto de materiais que vão mostrando o modo por meio do qual o processo se dá: descrições etnográficas, narrativas discursivas e textos publicados formam o panorama de um rico e intrincado conjunto de práticas cotidianas que vão se organizando de modo a formar esse mundo concreto da arte analisado pela socióloga.

No entanto, como bem nos mostra Ana Carolina Miranda, a intensa difusão do termo no mundo da arte é tamanha que a formação de coletivos passa a incidir "além das fronteiras da arte contemporânea" (p. 86). Com efeito, para se cristalizar nos dicionários, o termo se popularizaria, ganhando espaço no mundo das instituições artísticas, no mercado de arte, e mais tarde em outras esferas da vida cotidiana. Nos diversos setores da economia criativa, o mercado se apropriou do conceito para dar vida a diversas manifestações no campo da moda, da arquitetura, do design. É, contudo, digno de nota que a difusão do conceito seja contemporâneo de processos abrangentes de ampliação de discursos políticos no mundo da arte.

Como tratamos em trabalhos recentes (SANT'ANNA; MARCONDES; MIRANDA, 2017; 2021), a arte brasileira tem, desde 2013, passado por intenso processo de turvamento das últimas fronteiras de sua autonomia. A crítica da valorização da cultura como *commodity* por políticas urbanas centradas na criação de polos de criatividade, a difusão de uma cultura imagética em tempos de novas tecnologias de informação e a ampla mobilização de setores da sociedade civil por redes sociais em tempos de crise da democracia são alguns dos fatores que poderiam ser elencados aqui como sinais dos tempos recentes. Na crise da representação democrática, quando a imprensa e os tradicionais meios de comunicação de massa parecem estar em xeque, novos atores surgem como agentes importantes na constituição da esfera pública. Se, nos séculos XVIII e XIX, o processo de institucionalização da arte faz apartar sua crítica dos processos políticos de constituição do Estado democrático (HABERMAS, 2014), em tempos recentes, a esfera artística parece vir sendo chamada a novamente tomar a frente dos espaços de debate e argumentação política para a abertura da esfera pública aos novos movimentos sociais.

A difusão da categoria coletivo entre amplos setores da sociedade brasileira não parece ser, portanto, mera afinidade eletiva. O termo grassou na difusão de jovens movimentos sociais com pautas identitárias e no surgimento de movimentos artivistas. Se, como mostra Miranda, o conceito serviu para consagrar formas artísticas centradas na diluição da autoria e da identidade individual, a categoria tem sido amplamente utilizada para propor formas alternativas de ação política. Não por acaso, novos arranjos partidários e formas de representação legislativa têm usado o vocábulo para pensar, por exemplo, em mandatos coletivos que pressupõem maior participação da sociedade nas tomadas de decisão de seus representantes eleitos.

Como procurei argumentar, portanto, o presente livro tem papel central na explicação de amplos processos, tanto na arte como na sociedade brasileira. Ao investigar as tensões e disputas próprias ao mundo da arte, Miranda lança luz sobre processos de longa duração que têm se desenrolado na sociedade envolvente. Descrevendo com maestria as minúcias de processos de institucionalização que dependem de práticas concretas na vida cotidiana, o livro também contribui para a compreensão de nosso tempo presente. Trata-se de resultado primoroso de intensa pesquisa, com ampla discussão bibliográfica, que tanto contribui para o fortalecimento da área de Sociologia da Arte, como demonstra a relevância da compreensão da cultura para as reflexões sobre o mundo em que vivemos. *Intervenções coletivas: a institucionalização dos coletivos de artistas no início do século XXI* é desde já bibliografia indispensável para pesquisadores e interessados na compreensão do mundo da arte contemporânea e no papel da produção de cultura no Brasil.

Boa leitura!

Rio de Janeiro, 15 de novembro de 2021.

Sabrina Parracho Sant'Anna

Professora Doutora do Departamento de Sociologia da Universidade Federal Rural do Rio de Janeiro e coordenadora do Comitê de Sociologia da Arte da Sociedade Brasileira de Sociologia.

APRESENTAÇÃO

De uma maneira geral a arte desenvolveu um protagonismo sem precedentes na sociedade ocidental contemporânea, por isso acredito ser de suma importância o entendimento da arte de nosso tempo aos interessados por uma leitura crítica da vida social. E para entendê-la é interessante perceber as mudanças sociais que são o cerne dessa questão: a construção e a derrubada de cânones, originadas principalmente por movimentos de vanguarda. Sendo assim, acredito que estudar pelo olhar sociológico a arte coletiva – que contém traços vanguardistas em si – produzida neste início de século XXI, como foi desenvolvido neste livro, foi uma escolha minha, mas que pode contribuir bastante e também agradar aqueles curiosos pelas mudanças sociais vigentes em nosso período histórico.

Além dessa problemática central de derrubada de cânones que envolve a tão discutida dicotomia instituição X marginalidade, também tão cara à história da arte, por minhas análises propostas busco contribuir ao leitor na compreensão do papel da crítica e da curadoria de arte, além de tentar descrever as diferentes atuações dos espaços de arte tais como museus, feiras e outros ambientes artísticos menos institucionalizados. Como pode ser visto, o universo da arte contém personagens, locações e linguagens que, muitas vezes, permanecem misteriosas para pessoas que circulam por fora desse mundo. Este livro pode também servir como um pequeno guia para auxiliar o entendimento das esferas desse importante setor da sociedade contemporânea.

Acredito ainda mais ser relevante discutir o mundo da arte pela chave das práticas dos coletivos de artistas quando vejo o papel significativo que estes vêm ganhando na arte contemporânea. Junto à categoria do curador, pode-se dizer que esses dois termos viralizaram (*curadores e coletivos*). O pesquisador Gustavo Motta (MOTTA, 2021) na *Revista Intempestiva de Literatura e Artes Visuais* de agosto de 2021 relata como estas são figuras carimbadas da cena cultural brasileira. Também onipresentes no panorama geral, seria possível afirmar que organizam as experiências culturais recentes, ao modo de coordenadas – distintas mas relacionadas –, como antes operavam, figuras do crítico e do artista, ou do intelectual e do autor.

Agora, gostaria de prosseguir por meio de um questionamento de cunho mais pessoal: por qual motivo eu teria me disposto a escrever sobre coletivos de arte contemporânea? Veja bem, como socióloga, o que enxergo primeiro são as razões socialmente construídas para tal movimento de criação. Em outras palavras, embarco na ideia dos que defendem que "o pessoal é político", como já dizia a segunda onda feminista dos anos 1960 (STRÖMQUIST, 2018). Tenha em mente que em minha família não havia tradição acadêmica tampouco eram acompanhadas as produções de arte brasileira. Então, como vim parar aqui? Penso que sou fruto da sociedade que habito: as oportunidades acadêmicas dispararam nos anos em que concluía a universidade (2011-2012), e fazer mestrado me pareceu uma opção viável no último ano do curso, mesmo que no primeiro ano da graduação eu mal soubesse do que se tratava um mestrado. Já a escolha do tema arte também não vejo como totalmente individual, pois vivíamos (ou ainda vivemos?) a era de expansão do que alguns autores chamam até mesmo de capitalismo artista (LIPOVETSKY; SERROY, 2015). E assim, uma jovem vinda do interior com vontade de se divertir, socializar e conhecer a cidade haveria de transitar por ambientes culturais. Nesses ambientes, o que logo chamou minha atenção foi exatamente o turvamento entre os campos artísticos: Cachaça Cinema Clube. Esse famoso evento da cultura jovem carioca daquele período era uma festa com degustação de cachaça dentro de um cinema tradicional como o Odeon, no centro do Rio de Janeiro. Minha cabeça interiorana ainda processava todo aquele movimento híbrido dentro da arte. Daí veio um interesse em abocanhar e transitar por todos os espaços culturais da cidade, sejam públicos ou privados, e o que continuou me chamando a atenção eram aqueles que em sua maioria misturavam modalidades artísticas, o que mais tarde vi que se aproximaria do conceito de turvamento de fronteiras presente na arte contemporânea percebido e descrito pela socióloga da arte Vera Zolberg (2009). Movimento que a arte moderna já vinha ensaiando em seus performáticos eventos multifacetados dadaístas do início do século XX ou na Escola Bauhaus, por exemplo. Pouco tempo depois, quando me encontrei com a arte conceitual, aquela que fazia uma crítica à mesma sociedade que eu estava estudando na universidade, tudo fez sentido e foi se amarrando ou rizomatizando. Nesse momento, o interesse em arte finalmente deu um estalo dentro de mim. E então me perguntava: por que esse estalo não veio 3 anos antes, por exemplo, quando pisei pela primeira vez e percorri em poucas semanas museus monumentais no meu mochilão por algumas capitais europeias? Por que esse estalo só aparece nesse segundo momento?

De fato, a arte performance foi onde tudo aqui começou, pois foi dali que surgiram os meus primeiros interesses de pesquisa. Lembro bem que ao cursar a disciplina sociologia urbana, em 2010, tive que escolher um tema da cidade para realizar o trabalho final. Logo pensei: o que me chama atenção na cidade? "As maluquices que ando vendo por aí!", exclamei. Arrisquei-me e escolhi esse tema de pesquisa das intervenções artísticas urbanas e fui a campo acompanhar um artista performer.

Hoje penso que sem dúvida as circunstâncias sociais me impulsionaram pelo caminho que levou ao meu campo de estudos, os coletivos de arte contemporânea. Certo episódio nesse período de descobertas e andanças pelo circuito artístico e pelo meu campo de estudos me marcou bastante, pois ali vi os limites entre sujeito/objeto de pesquisa se turvando. "O museu é o mundo" era o nome da exposição do artista plástico brasileiro Hélio Oiticica, que ficou em cartaz no Centro Cultural Paço Imperial e na Casa França Brasil, no Rio de Janeiro, no ano de 2010. A abertura contou com a bateria da Mangueira e atraiu muita gente, inclusive eu e alguns colegas mais próximos. Pudemos, finalmente, conhecer um penetrável, um bólide, um parangolé, uma cosmococa, todos esses projetos ambientais desenvolvidos por Oiticica, ao longo de sua reconhecida carreira nos anos 1960 e 70. No dia da inauguração, tudo parecia uma grande festa, amigos se encontrando e se apresentando a outros amigos. Tivemos a oportunidade de conversar com acadêmicos que estudavam a obra desse artista, e também com alguns integrantes de coletivos, como Raphi Soifer e Fernando Codeço, dos quais citarei outros episódios performáticos também mais adiante. Juntos, fomos a um penetrável, onde deveríamos entrar descalços, para pisar na água e na areia. Depois, vestimo-nos com parangolés, e tiramos algumas fotos. Reunimos, ali, um grupo de artistas, interessados e estudiosos de arte. Trocamos informações e pensamentos acerca das obras expostas.

Ao sairmos da exposição, todos juntos, passamos em frente a uma igreja na Praça XV, que estava com muitas flores do lado de fora – lírios e rosas –, todas brancas, que iriam ser jogadas fora. O homem que tomava conta das flores se aproximou do grupo, nos cumprimentou e fez pequenos buquês para nos entregar. Mas eram muitas flores, e nós não resistimos em colocar flores por todo o corpo. Não paramos de nos vestir com flores até que não houvesse mais lugar para colocá-las. Uma menina que parecia morar na rua se aproximou e pediu um buquê também. E, após ganhá-lo, ela ficou extremamente envaidecida com aquele gesto; sua felicidade extrema era nítida. Daí, decidimos ir andando até a Lapa, vestidos com nossas flores. No caminho, centro do Rio de Janeiro, às 23 horas de um sábado, só encontramos pessoas que eram, aparentemente, muito pobres e moravam pelas ruas. Fomos fazendo nosso caminho e distribuindo nossas flores para essas pessoas, que não entendiam muito bem o que se passava, mas ficaram muito agradecidas. Algumas vieram até nós para pegar a flor; não esperaram que nós as abordássemos. Quando chegamos à Lapa, a primeira coisa que vimos foi um batalhão de choque armado com metralhadoras. Uma de nós ofereceu um lírio para eles e, depois de uma conversa, um deles acabou aceitando e colocou o lírio em sua metralhadora. Passamos, depois, pelos guardas municipais, oferecemos nossas flores, mas eles não aceitaram, de maneira nenhuma. Pensamos: por que eles se irritaram tanto com o fato de nós darmos flores a eles? Mas, hoje, me pergunto por que fazíamos tanta questão de chamar a atenção dos guardas e policiais especialmente. Percebo de que maneira eu estava permeada pelo pensamento daqueles artistas. No para-brisa do carro de patrulha da guarda municipal, nós conseguimos colocar um lírio, e na janela do ônibus da Polícia Militar também. Foi quando passamos em frente a um vídeo que estava sendo projetado, era o choque TV, uma espécie de meio de comunicação da política do choque de ordem, justamente a questionada em uma das performances de Raphi Soifer, o primeiro artista que acompanhei. Colocamos um lírio ao lado da TV e foi quando pensamos: "Não dê ordem, dê lírio". Ficamos contentes com a descoberta dessa expressão tão ambígua: dê lírios ou delírios. Quando nos era indagado o que estávamos fazendo, respondíamos: "dê-lírios!". E continuamos distribuindo nossas flores até que acabassem, e repetindo: "Não dê ordem, dê-lírio". Uma de nossas integrantes informava: "é uma intervenção urbana". Lembrei-me de um episódio no qual Raphi não ficou feliz por sua companheira de grupo ter dito que sua performance era uma brincadeira, e só agora entendia o porquê. Pois parece que o artista coletivo contemporâneo quer buscar a arte no acaso e não se identificaria com rótulos pré-estabelecidos.

Depois de algum tempo, nos demos conta de que nossa performance, que acontecera espontaneamente, lembrava em muito o delirium ambulatorium justamente de Hélio Oiticica, quando o artista perambulava pelo espaço público da cidade a provocar pessoas e deixar-se atravessar pelo acaso e pelas rupturas que surgissem.

Nesse meu início de trabalho de campo, quando ainda não pensava os coletivos propriamente ditos, mas já participava de iniciativas artísticas coletivas, parecia que eu me deixava afetar demasiadamente pelo objeto estudado, e assim algumas orientadoras também me identificavam. Mas, de certa maneira, foi importante esse contato inicial agudo. Aos poucos, consegui me distanciar, e, hoje, possivelmente enxergo aspectos que antes não os veria. Tais como a existência de certas regras implícitas nas ações dos coletivos. O improviso, que é citado como elementar para a performance, não é exercido apenas naturalmente, pois há uma programação preparada, mas que se altera com a acaso. Pode-se dizer também que até o desejo do conflito com as autoridades responsáveis pela ordem na rua é externado de maneira um tanto não espontânea. Irei me aprofundar nesse aspecto ao longo das próximas páginas.

É importante lembrar que 2010 era o início da década em que os artistas brasileiros neoconcretistas (que incluía Hélio Oiticica, Lygia Clark e Lygia Pape, dentre outros) atuantes nos anos 1950, 60 e 70 entraram no cenário internacional de arte e os seus preços foram às alturas no mercado de arte. O mundo conhecia Hélio Oiticica e os jovens cariocas dos anos 2010 também. No ano seguinte, 2011, houve a criação da ArtRio, a badalada feira internacional de arte contemporânea que seguiu acontecendo anualmente. Foi interessante perceber que a cada edição fui tendo mais companhia de amigos para visitar essa mostra. A arte foi se tornando gradualmente um interesse mais constante do meu círculo social e da juventude carioca.

De uma maneira geral, como afirmei em minha primeira frase aqui neste livro, a arte vem desenvolvendo um protagonismo na sociedade ocidental contemporânea e pode-se dizer que eu sou um dos atores sociais que se contaminaram efetivamente por essa mudança. Mudança que ocorreu na economia, na sociedade civil e no Estado. Houve uma expansão dramática do mercado de arte contemporânea internacional que bateu recorde em 2012 de mais de 5 bilhões de dólares em seus leilões comerciais (KESTER, 2012). Nesse mesmo período, museus *blockbusters*, como o MAR e o Museu do Amanhã, são construídos com parcerias público-privadas na cidade do Rio de Janeiro. As práticas artísticas foram tomando conta das ruas, coletivos de arte promoveram performances e coletivos culturais ocuparam os espaços públicos com eventos. As casas coletivas geridas por artistas e curadores independentes ainda se espalham pelo Rio de Janeiro, como A casa da Escada, Ateliê Sanitário, Rato Branko, Espaço Capibaribe 27; só para citar algumas das ativas em 2024. Houve um período no início dos anos 2010 em que a prefeitura chegou a abrir a EixoRio, um setor da sua secretaria de cultura, na tentativa de institucionalizar os coletivos da cidade. Eu acompanhei também os editais de arte e de cultura passando pela transformação de aceitar autorias coletivas e coletivos em suas inscrições.

Agora dando um salto ao período próximo à publicação deste livro, 2022 foi o ano que a Documenta de Kassel – tido como o evento mais importante da Arte Contemporânea do mundo – e o Turner prize – um dos principais prêmios do setor – mostram sua parcela de culpa na institucionalização, legitimação e artificação dos coletivos de arte. Pela primeira vez o prêmio fechou com o nome de 5 finalistas, todos coletivos. E a Documenta foi curada pela primeira vez por um coletivo de arte. O ruangrupa, coletivo da Indonésia, veio com seus integrantes como curadores e estes realizaram a mostra com o total de 14 coletivos de arte de todo o mundo, os grupos foram ainda os primeiros confirmados na programação de 2022. Em comum nesses coletivos, via-se um dos seus traços marcantes, a arte socialmente engajada.

Nessa esteira, mas em relação aos assuntos acadêmicos das ciências sociais, o campo da sociologia da arte cresceu exponencialmente nas duas primeiras décadas do século XXI. A arte como objeto de estudo sociológico e antropológico nos grupos de pesquisa no Brasil se institucionaliza em 2006, quando foi criado o GT de Antropologia da Arte na Associação Brasileira de Antropologia (ABA), e também em 2007, quando cria-se o GT de Sociologia da Arte na Sociedade Brasileira de Sociologia (SBS). As publicações e os seminários que contemplam as manifestações artísticas na área das Ciências Sociais também estouraram. Em suma, do contexto local ao global, não acredito que o tema deste livro tenha chegado até mim de forma totalmente arbitrária, como costumo falar aos meus alunos de introdução à sociologia, acredito que nossas escolhas são majoritariamente socialmente determinadas e em uma pequena parte individualmente circunstanciadas. Vejo que eu sou fruto dessa artificação do capitalismo que se faz presente principalmente entre jovens das cidades contemporâneas ocidentais.

Figura 2 – Integrantes da performance espontânea "Dê-lírios" se preparando para a ação que viria a ser entendida enquanto uma intervenção artística urbana

Fonte: fotografia do acervo pessoal de pesquisa da autora

SUMÁRIO

INTRODUÇÃO
ENTRANDO NO CAMPO ARTÍSTICO 25

1
PREPARANDO O TERRENO: ALGUMAS REFLEXÕES INICIAIS PARA
PENSAR ASPECTOS SOCIAIS DA ARTE (DOS COLETIVOS) 31
Categorias sociológicas *versus* nativas 32
Percursos da pesquisa: do estudo da vida cotidiana à análise do discurso 39

2
OS COLETIVOS NO DISCURSO DA CRÍTICA DE ARTE 45
Os três aspectos do discurso da crítica 48
A relação de parentesco com o neoconcretismo 48
Arte e política: a(s) instituição(ões) 56
Arte e política: Arte experimental e "Zonas Autônomas Temporárias" 62
Os discursos e suas ressonâncias 65

3
O DISCURSO DOS COLETIVOS EM CAMPO 67
A institucionalização no discurso dos coletivos 71
A expansão do mundo da arte no Rio de Janeiro e os coletivos dentro desse per-
curso 76
Surgimento/funcionamento 82
A autoria 85
A relação com o público 87

4
"TENDÊNCIA" E DISTINÇÃO: NOVAS RELAÇÕES SOCIAIS NO MUNDO
DA ARTE (DOS COLETIVOS) 91
"Indivíduo coletivizado" e "coletivos de indivíduos" 91
"Fora" e/ou "dentro"? 94
A suposta tendência 106

CONSIDERAÇÕES FINAIS 111

REFERÊNCIAS 115

Artigos de crítica de arte 117

Publicações de artistas de coletivos 117

Entrevistas com artistas de coletivos 118

Reportagens de jornal e revistas especializadas 118

Sites 119

INTRODUÇÃO

ENTRANDO NO CAMPO ARTÍSTICO

Entrei no universo dos coletivos de arte casualmente. Eram meados de 2010 e eu estava em vias de descobrir o objeto de estudo que seria de meu maior interesse. No entanto, não sabia nem ao menos de sua existência. Por estar cursando uma disciplina de Sociologia Urbana no curso de Ciências Sociais da Universidade Federal Fluminense, e necessitar realizar um trabalho final, optei, sem saber do que se tratava exatamente, por estudar intervenções urbanas artísticas. Pedi, então, indicações de artistas e acabei, por fim, recebendo o contato de alguém que as realizava por meio da arte performance.

Ao escolher um objeto de estudo para realizar meu primeiro exercício etnográfico, cheguei ao artista Raphi Soifer. Suas performances, segundo sua própria descrição, buscavam questionar as novas políticas públicas de reordenamento do espaço público carioca. A partir desse momento, meu olhar sobre o espaço urbano foi se transformando. No decorrer da minha entrada no campo de estudo, fui percebendo como a rua estava repleta de manifestações artísticas e como a arte estava saindo dos espaços internos dos museus. Notei uma nova geração de artistas plásticos – Alê Souto, Antônio Bokel, Bernardo Ramalho, Joana César, dentre outros –, que já conquistaram apoio das galerias, sendo agenciados por elas, e que, no entanto, continuavam a fazer das ruas um lugar para expor seus trabalhos.

Percebi também como a rua se tornou por vezes um anexo da galeria, como ocorre, por exemplo, na galeria *A Gentil Carioca,* que fez da parede externa do sobrado onde funciona um espaço no qual os artistas são convidados a expor, e também realiza suas *vernissages* se apropriando do espaço público em frente à galeria com shows, festas e performances. Logo me atentei para o fato de que essa era uma característica dada da arte contemporânea: a negação do cubo branco e do espaço expositivo fechado, como discutiu Brian O'Doherty em seus ensaios reunidos em *No interior do cubo branco, A ideologia do espaço da arte* (O'DOHERTY, 2002). Nessa obra, O'Doherty critica uma suposta sacralização do espaço expositivo, que poderia ser visto como uma ferramenta de presença e poder e que teria resultado nas críticas dos artistas quanto ao espaço da galeria e a sua consequente abertura para outros espaços não institucionalizados. Eu começava a perceber, portanto, a arte saindo da galeria e também as ações que antes não eram consideradas como tal se tornando arte. Processo, aliás, que também ocorre no mundo da arte, a chamada artificação, que foi discutida por Roberta Shapiro e Natalie Heinich (SHAPIRO; HEINICH, 2012), e consiste em uma prática que ocorre quando os indivíduos fazem ou criam coisas que passam a ser vistas como arte, coisas que antes não eram vistas como produtos artísticos.

A partir desse contato com Raphi Soifer, performer que entrei em contato ao fim de minha graduação, aproximei-me da arte da performance. No âmbito das vivências culturais, em 2010, pude assistir à performance *Corpo ilícito* do coletivo *Pocha Nostra*, dirigido pelo performer Guilhermo Gomez-Peña, que, segundo Soifer, é um dos protagonistas da performance mundial. Raphi Soifer participou de um workshop de Gomez-Peña, enquanto este estava no Rio de Janeiro, e fez uma participação na performance *Corpo Ilícito*. No texto de apresentação de divulgação da performance, descrevia-se que o seu objetivo era trazer o corpo como lugar de ativismo político. Dizia-se, ainda, que os artistas do *Pocha Nostra*, residentes nos EUA, exploravam o legado do "medo do outro" imposto pela era Bush e a contrastavam com uma cultura de crescente esperança, presente nesse momento de mudanças históricas. Na ocasião a performance foi realizada por meio da execução de uma sessão de acupuntura com pequenas bandeiras de nações do mundo em suas agulhas, esta tratava-se de uma das artes experimentais desse espetáculo. Este é um exemplo do que esses artistas se propuseram a fazer em seus corpos para trabalhar essa poética. Ao acompanhar Raphi Soifer, chamava-me a atenção o fato de seus trabalhos artísticos serem produzidos coletivamente, e também a aproximação entre arte e política evocada pelos performers ao dissertar sobre os seus trabalhos.

Foi quando, partindo do campo das performances e intervenções urbanas, deparei-me com trabalhos desenvolvidos pelos chamados coletivos. Raphi Soifer, o artista com o qual desenvolvi minha primeira experiência de trabalho etnográfico, pertencia ao Nem Coletivo, junto a uma colega do curso de mestrado em Ciência da Arte da UFF, além de realizar outros trabalhos em outros coletivos. Esse artista criava performances para realizar sozinho e também criava outras em conjunto com sua colega. Assim, fui percebendo como, na maioria das vezes, os coletivos que encontrava desenvolvendo trabalhos de arte nos eventos aos quais eu comparecia, no Rio de Janeiro, realizavam seus trabalhos por meio da performance. Percebia, também, que, recorrentemente, esses trabalhos estavam ligados, de certa forma, a uma crítica social, que era elaborada na discursividade dos textos explicativos das ações. Esses textos poderiam ser distribuídos no decorrer da ação performativa, ou poderiam ser encontrados nas redes sociais dos coletivos que realizaram a performance.

Defrontando-me com essa nova maneira de produzir e assinar arte, assiduamente me questionava por que os artistas estavam se juntando em coletivos para criar. A nomenclatura Coletivo estava ganhando espaço no universo da arte contemporânea, e eu buscava entender essa dinâmica. A partir desses questionamentos, meu objeto de estudo central se direcionou aos coletivos de artistas. Sendo assim, investigando um objeto, a performance, acabei enveredando por outro, os coletivos.

Desse modo foi se dando minha inserção em campo. Foram se tornando mais frequentes as vezes em que me deparava com trabalhos que faziam referência ao urbano, à cidade e a seus problemas, fora dos espaços expositivos tradicionais. Manifestações artísticas realizadas tanto por artistas individuais quanto por coletivos de artistas. Compareci aos eventos que se destacavam no eixo Rio-São Paulo, aqueles considerados importantes ou marcantes para o circuito de arte contemporânea, como o Festival Arte Performance, no MAM-RJ. Visitei as Bienais de São Paulo de 2010 e 2012, fui aos eventos artísticos realizados na Escola de Artes Visuais do Parque Lage, e também às *vernissages* em centros culturais, como o Centro Cultural Hélio Oiticica, além de observar as feiras de arte contemporânea e seus eventos paralelos, ArtRio e ArtRua, em 2011, 2012 e 2013.

Na minha primeira ida a São Paulo, para a Bienal de Arte de 2010, meu objeto de estudo ainda estava em fase de elaboração. No entanto, a oportunidade de conhecer o trabalho do coletivo *OcupeaCidade* me fez perceber como esses grupos estavam se formando, não só no Rio de Janeiro, mas também em São Paulo. Os questionamentos foram se solidificando após entender, de certa maneira, como eles funcionavam e como interagiam com as instituições de arte.

Percebia como a arte contemporânea vinha se familiarizando, cada vez mais, com essa nova vertente em que os trabalhos artísticos são assinados não por um artista, mas por um nome que determina um coletivo ou grupo organizacional, formado por pessoas que se autodenominam artistas visuais. Pesquisando, entendi como, a partir dos anos 2000, esses grupos passaram a surgir com maior força no Brasil (REZENDE; SCOVINO, 2010). Como procurarei mostrar ao longo deste livro, daquele momento até agora o que se vem notando é um número crescente da inserção desses e de artistas remanescentes dos primeiros coletivos nos principais caminhos institucionais das artes brasileiras. Se, em 2010, no início da minha entrada em campo, eu me deparava, em algumas exposições, com trabalhos assinados por coletivos, nos tempos atuais, tornou-se ainda mais recorrente e frequente encontrar obras pertencentes a esses coletivos em galerias e museus. Para exemplificar essa ampliação, alguns dados sobre o aumento dos coletivos, ao longo dos anos, na feira internacional de arte contemporânea (ArtRio), que ocorreu no Rio de Janeiro em 2011, 2012 e 2013, serão abordados no Capítulo 3, em que se encontra, dentre outras análises, uma discussão do trabalho etnográfico realizado nas ações artísticas dos coletivos cariocas neste início da segunda década do século XXI.

É importante ressaltar que existem coletivos de duas pessoas, como o *Poro Coletivo*, atuante em Belo Horizonte desde 2002, e o *Nem Coletivo*, estudado na etnografia deste trabalho, assim como existem duplas de artistas que assinam seus nomes em conjunto nas obras e não assumem sua autoria coletiva, colocando um nome único de coletivo.

Outro dado interessante é que o coletivo pode se tornar uma escolha, sendo, por assim dizer, parte de um discurso. Na *30.ª Bienal*, por exemplo, há, na lista de artistas, esta descrição:

> PPPP (Productos Peruanos para Pensar) é um coletivo de um homem só: Alberto Casari. Seus alter egos – o escritor e poeta visual Alfredo Covarrubias, os pintores Arturo Kobayashi e El Místico e o crítico de arte Patrick Van Hoste – produzem materiais assinados pela logomarca da empresa. Sem ausentar o próprio nome do coletivo, o artista conjuga noções de autoria, em uma tentativa de negar a fetichização da obra como produto de uma expressão emocional e subjetiva e como pressuposto essencial para a relação do homem com a arte[2].

Diante dessas exemplificações, percebe-se que a escolha de adotar um nome coletivo não se conjuga apenas à quantidade de artistas criando: envolve questões mais complexas que dialogam com a problemática da autoria na arte, ou são sintomas de uma suposta tendência de criação artística coletiva nesse período histórico. Sobre essa suposta tendência será feita uma reflexão no Capítulo 4 desta obra.

No desenvolver das minhas observações, que foram feitas, majoritariamente, nos eventos artísticos dos coletivos de arte do Rio de Janeiro, algumas questões se repetiam e saltavam aos olhos, tornando-se mais emblemáticas e passíveis de se transformarem em um problema de pesquisa. Percebi que

---

[2] Descrição presente na lista de artistas da *30.ª Bienal*. Disponível em: http://www.emnomedosartistas.org.br/30bienal/pt/artistas/Paginas/detalheArtista.aspx?ARTISTA=90. Acesso em: 10 out. 2021.

um estudo que abarcasse a dinâmica dos coletivos precisaria dissertar acerca da relação entre eles e as instituições de arte. Essa problemática surgiu tanto nos discursos observados em campo quanto nos discursos publicados pelos críticos e também nas publicações dos próprios artistas dos coletivos. A instituição ali era vista como um lugar que possuía porta de entrada e saída, e também um lugar oposto ao lugar da arte marginal, independente e alternativa. É interessante perceber que essa contradição, de fato, talvez apareça não só no mundo da arte coletiva, mas é uma problemática que tange ao universo da cultura como um todo. E talvez daí venha uma das principais relevâncias científicas do estudo que originou este livro.

E assim pude observar a emergência de um questionamento socioló-gico sobre os coletivos de arte contemporânea. A partir das questões pon-tuadas pelos próprios agentes, foi necessário refletir se estariam os coletivos seguindo ou buscando um caminho marginal em relação ao mercado, ou se estariam se relacionando, possivelmente de maneira amistosa, com as ins-tituições de arte. A questão da relação dos artistas com as instituições, cara à Sociologia da Arte[3], foi o fio condutor da pesquisa que deu origem a este livro. Tentarei explicitar aqui possíveis questões por meio dos enunciados dos atores sociais pertencentes ao mundo da arte contemporânea analisa-dos. Montando assim um aparato analítico com as significações atribuídas com o objetivo de se aproximar de uma compreensão sobre a relação entre artistas e instituições nessa parcela do mundo da arte brasileiro.

Paralelamente ao trabalho de acompanhar as performances e *vernis-sages* em que havia trabalhos artísticos desenvolvidos por coletivos, princi-palmente na cidade do Rio de Janeiro, para esta pesquisa busquei encontrar, também, o que estava sendo publicado pela crítica de arte e por curadores, além de pensadores e jornalistas, sobre os trabalhos desses grupos.

Ao mesmo tempo, constatou-se que o presente objeto de estudo – os coletivos de arte ou coletivos de artistas – já foi escolhido como temática principal ou discutido em teses das áreas das Artes Visuais, Comunicação e também em alguns estudos de História e Psicologia.

No entanto, não tinham sido encontrados até então, dentro das Ciên-cias Sociais, estudos que tiveram este mesmo tema de pesquisa. Por isso, apoiei-me, dentre outros aspectos, nessa justificativa para compreender

---

[3] A relação entre artistas e instituições é recorrente nas pesquisas da área. Desde as discussões de Pierre Bourdieu (BOURDIEU, 1992) sobre processos de consagração e acumulação de capital até os mais recentes trabalhos, como o de Vera Zolberg (ZOLBERG, 2009) sobre o turvamento das fronteiras nas instituições artísticas, buscou-se entender essa problemática.

a relevância de estudar os coletivos de arte contemporânea pela ótica das teorias sociais nesse momento em 2012/2013, momento histórico para o movimento de aproximação entre arte e política.

O desenvolvimento deste trabalho foi pautado em dois métodos investigativos para a coleta dos dados, as informações das quais partem as análises. O primeiro, voltado para o discurso da crítica, que engloba também jornalistas e pensadores de arte, consistiu em um levantamento de textos de jornais, revistas especializadas em arte e catálogos de exposições. O segundo atentou para o discurso dos próprios coletivos, baseando-se nas entrevistas concedidas e em textos publicados pelos artistas, além do trabalho etnográfico citado anteriormente.

Dentro desses discursos, buscou-se analisar os enunciados que descreveram uma definição ou caracterização dos coletivos de arte e também os que abordaram a relação entre esses artistas e a incorporação de suas obras pelas instituições de arte, pelos museus e pelas galerias.

PREPARANDO O TERRENO: ALGUMAS REFLEXÕES INICIAIS PARA PENSAR ASPECTOS SOCIAIS DA ARTE (DOS COLETIVOS)

Ao destacar, neste capítulo, as teorias com as quais foram realizadas as análises presentes ao longo deste trabalho, tenho como objetivo preliminar delimitar de onde vem a minha fala e segundo que orientação teórica busco refletir.

Com esta investigação, pretendi realizar uma pesquisa sociológica qualitativa dos chamados coletivos de arte contemporânea, e nesta primeira parte, buscarei delimitar os parâmetros metodológicos que nortearão a abordagem dessa caminhada. Esta não é uma pesquisa de origem: pretende-se dissertar acerca de uma análise das interpretações dos acontecimentos, respeitando os aspectos genealógicos do objeto de estudo, interpretando as práticas, os pontos de vista e as interações sociais. Por isso, é importante destacar que não é meu objetivo encontrar a origem do surgimento dos coletivos de arte. E sim, dissertar acerca das relações entre os atores investigados, para se aproximar de uma explicação, ou compreensão, dos significados das suas ações.

Não será tarefa geral determinar uma resposta comum, prática, para os questionamentos sociológicos estruturais presentes na arte. Tentarei abordar interpretações compreensivas que sejam universalmente válidas, chegando a uma compreensão subjetiva dos fenômenos culturais que envolvem os coletivos de artistas no Rio de Janeiro neste início de século XXI.

Para iniciar a análise aqui proposta, será explicitado primeiro como certos conceitos sociológicos e também alguns significados específicos do campo serão abordados dentro deste livro. Em seguida, serão apresentados os percursos da pesquisa que irão permear os entendimentos e interpretações realizados a partir dos dados encontrados na análise do material bibliográfico e na observação participante.

Categorias sociológicas *versus* nativas

É preciso delimitar em que sentido certos conceitos serão abordados ao longo desta obra. Pois sabe-se que, entre pesquisa sociológica e categoria nativa, há uma distância, que deve ser aproximada com o intuito de buscar significados que se unam em prol de uma interpretação dos devidos aspectos que serão apresentados ao longo deste livro.

Para pensar a atuação dos coletivos a partir da ótica sociológica, foi preciso se apoiar em um suporte teórico que traduz a arte como um fenômeno passível de ser estudado pelos sociólogos. Por isso, busquei teorias que perpassam um entendimento das dinâmicas que engendram as relações sociais desses atores.

Durante o percurso da Sociologia, alguns importantes autores desenvolveram suas teorias para tentar compreender a realidade da criação artística como uma prática social. São eles, por exemplo, Clifford Geertz (1997), Howard Becker (1977), Pierre Bourdieu (1989) e Norbert Elias (1995). Devido aos questionamentos encontrados ao longo de minha investigação da arte coletiva, optei por me apoiar nas teorias de Becker e Bourdieu, com seus conceitos de mundo artístico e campo artístico, por eles terem pensado questões que foram identificadas como características relevantes nas ações dos coletivos e dos críticos de arte.

Howard Becker definia a sociedades por meio de mundos:

> Defina-se um mundo como a totalidade de pessoas e organizações cuja ação é necessária à produção do tipo de acontecimento e objetos caracteristicamente produzidos por aquele mundo. Assim, um mundo artístico será constituído do conjunto de pessoas e organizações que produzem os acontecimentos e objetos definidos por esse mesmo mundo como arte (BECKER, 1977a).

Dentro da ordem que estabelece o funcionamento do mundo artístico, Becker mostra que ele é criado por redes de relações de pessoas que atuam juntas e propõem um quadro de referência no qual formas diferentes de ação coletiva, mediadas por convenções aceitas ou recentemente desenvolvidas, podem ser estudadas. A organização social consiste no caso específico em que as mesmas pessoas atuam em conjunto para produzir uma variedade de eventos diferentes de maneira recorrente. Para Becker, como um interacionista simbólico, as convenções existentes tornam a ação coordenada possível e, ao mesmo tempo, limitam as formas que ela pode tomar; já o desenvolvimento de formas de aquisição de recursos torna a mudança possível. Ao longo do trabalho de campo realizado para este livro, quando observadas as práticas cotidianas, aspectos da interação simbólica dos coletivos fizeram com que a classificação de mundo artístico coubesse para pensar as práticas observadas.

No entanto, se adotada a teoria de Howard Becker, que define a arte como ação coletiva, para pensar a categoria coletivo, atribuída pelo mundo artístico, esta seria apenas uma categoria nativa[4]. Pois, para Becker, toda e qualquer criação artística é coletiva (BECKER, 1977a). O autor parece buscar tirar os holofotes do artista e evidenciar enfim o papel dos outros atores sociais na produção artística. Desde os que concebem a ideia, passando pelos que a executam e os que fornecem o material e o equipamento até os que vão compor o público, todos fariam parte da criação conjunta dessa obra.

Reconhecendo que o ator social que ganha visibilidade e reconhecimento é somente o chamado artista, Becker desenvolve também uma interessante diferenciação em que determina tipos de artistas. São eles: os artistas canônicos, tal qual o profissional integrado, os inconformistas, os artistas ingênuos e os artistas populares (BECKER, 1977a).

A partir da classificação de Becker se poderia pensar que os críticos de arte discutidos no capítulo seguinte pensam os integrantes dos coletivos como os artistas inconformistas, tal como caracterizados pelo autor. Como se verá a seguir, esses críticos afirmam que, quando os coletivos começaram a assinar uma autoria coletiva, esses atores sociais, muitas vezes, precisaram agir contra as convenções estabelecidas nos mundos artísticos. Para Becker, qualquer mundo artístico organizado produz os seus inconformistas: artistas que não estão de acordo com as convenções estabelecidas nos mundos artísticos, pois as acham inaceitavelmente restritas. Ao contrário do profissional integrado, que aceita quase que totalmente as convenções do mundo artístico, o inconformista possui uma ligação distante com esse mundo, rejeitando suas regras e impossibilitando sua participação em atividades organizadas (BECKER, 1977a).

No entanto, se as categorias sociológicas têm servido, cada vez mais, para nortear definições da crítica e dos demais agentes do mundo da arte, vale lembrar que as tipologias sociológicas só fazem sentido no ato de

---

[4] Quando se assume, aqui, o termo categoria nativa, entende-se este como a antropologia o faz. O ponto de vista do nativo que produz as categorias nativas está baseado em significações de termos construídos culturalmente. Estes se opõem às significações do pesquisador que se baseiam em modelos epistemológicos.

pesquisa. Nesse sentido, ao longo desta obra, procurarei discutir se – e até que ponto – as definições de Becker poderiam ser, de fato, aplicadas tão facilmente aos atores sociais que discuto aqui.

Por sua vez, quando Howard Becker assume que há uma briga entre inconformistas e o mundo artístico convencional, torna possível uma analogia com o pensamento de Pierre Bourdieu e seu conceito de campo artístico (BOURDIEU, 1992). Esse conceito determina os indivíduos que se juntam em torno de ações para produzirem e consumirem arte como integrantes de um campo de lutas simbólicas, um campo de disputa de poder.

Tomando-se o campo artístico como um espaço estruturado de tomadas de posições em que se busca um princípio predominante de percepção artística, pode-se pensar que essas percepções estariam sendo alteradas no momento da arte coletiva aqui apresentada. Por meio de lutas em um campo de batalha simbólica entre a vanguarda e o museu, artistas inconformistas e artistas tradicionais, podendo resultar na alteração de critérios de avaliação. Do ponto de vista do objeto aqui estudado, seria possível pensar que, a partir do período histórico estudado, os coletivos de arte passariam a dialogar melhor com as chamadas instituições, pois é a partir desse contato, por exemplo, que conseguem muitas vezes financiamento para realização de suas obras. Como procurarei discutir no Capítulo 3, é de se questionar até mesmo se não teria sido essa a proposta que motiva o seu surgimento desses coletivos, mesmo que os próprios artistas dificilmente assumam pensar dessa maneira.

O interessante que se quer aqui não é tanto optar por uma ou outra interpretação – o campo artístico de Pierre Bourdieu ou o mundo artístico de Howard Becker. Como em qualquer forma social há conflito e tensões, a ideia de um sistema de posições dada a priori, embora não ignorada, será levada em consideração apenas na medida em que apareça para os atores sociais. Assim também, o sistema de colaboração de Becker e a ideia de artistas inconformistas receberão sentido apenas quando as práticas cotidianas apontarem nesse sentido.

Com efeito, mais do que tomar classificações a priori, pretendo, aqui, entender o mundo da arte no momento em que os atores sociais encenam a vida cotidiana e colocam em movimento suas pautas de ação ou estruturam as estruturas estruturadas e estruturantes. Tanto do ponto de vista do interacionismo simbólico quanto do ponto de vista do espaço de possibilidades de Bourdieu, é preciso lembrar que mundo e campo se formam e se atualizam na agência. Nesse sentido, as teorias formuladas a partir das pesquisas de Becker e Bourdieu serão acionadas na medida em que servirem para iluminar o debate, mas não pretendo, aqui, aderir a uma ou outra formulação.

Coloca-se, então, a seguinte pergunta: que mundo é esse do qual se falou até agora? De forma a elaborar uma delimitação do objeto, vale dizer que, quando se aborda o mundo artístico, estar-se-á se discutindo, tomando-se o nome dado pelos próprios artistas analisados, a arte contemporânea. Primeiramente, sabe-se que a arte contemporânea não se refere apenas à arte produzida atualmente, como indica o sentido etimológico do termo, mas engloba, também, uma arte que vem sendo produzida há algum tempo. Em 2006, Cristina Freire[5] publicou *Arte Conceitual* (FREIRE, 2006), livro de bolso, editado dentro da Coleção Arte+, organizada por Gloria Ferreira na Editora Jorge Zahar. A coleção, especialmente endereçada aos estudantes de arte, será tomada, aqui, como importante contribuição para a compreensão dos conceitos hoje rotinizados no mundo da arte[6].

Segundo Freire, o mundo da arte contemporânea não tem um marco inicial definido pelos seus próprios estudiosos. Nesse mundo, a arte contemporânea é também conhecida como a arte do conceitual. Sua genealogia quase sempre tangencia os trabalhos de Marcel Duchamp[7], artista que idealizou o conceito *readymade*[8], com suas obras que, no mundo artístico, são vistas como ações que buscam questionar o que é arte. Desde então, como afirmou o crítico Clement Greenberg, dentro desse mundo não é mais possível entender o sentido da obra de arte por ela mesma, mas sim por todo o aparato conceitual, seu projeto e ideias por detrás (GREENBERG, 1996 *apud* FREIRE, 2006).

O que dizem os integrantes desse mundo é que, antes disso, a arte quase sempre se limitava à pintura, ao desenho e à escultura. Todavia, nota-se que as produções de arte se modificaram a partir da segunda metade do século XX. Instalações, videoarte, arte postal, performances, *land art* são

---

[5]   Essas delimitações do que se entende por arte contemporânea foram encontradas em uma publicação da professora do Museu de Arte Contemporânea da Universidade de São Paulo, Cristina Freire. Logo, pretendeu-se, com isso, mostrar como uma integrante desse mundo, professora de um dos mais importantes museus de arte contemporânea do Brasil e também curadora, define a arte contemporânea e também a arte conceitual. Não se pretende, aqui, entrar no mérito da definição do que é a arte contemporânea, e sim delimitar de que maneira os atores sociais do mundo artístico a definem.

[6]   Para uma discussão sobre rotinização no Pensamento Social Brasileiro, ver André Botelho (BOTELHO, 2005).

[7]   Em 1917, Marcel Duchamp apresentou ao Salão da Sociedade Novaiorquina de Artistas Independentes a obra *A fonte*, aquela que se caracterizava na colocação de um urinol invertido dentro do espaço expositivo. Ao enviar essa obra, o artista assinava "R. Mutt" – nome da fábrica que produziu o urinol.

[8]   Esse termo se refere à utilização de objetos industrializados como obra de arte, sem nenhuma modificação, desde o momento em que saem da fábrica até entrarem nas instituições de arte. O que o torna um objeto artístico é a ato do artista.

só alguns dos tipos de arte que surgiram nesse período. Segundo Cristina Freire, os historiadores da arte acreditam que o intuito dessas novas poéticas artísticas era fazer um desvio rumo a uma sociedade pautada por um modelo capitalista de desenvolvimento que buscaria a materialização das coisas a fim de comercializá-las e obter lucro.

O *happening* e a arte performance surgiriam, nos anos pós-guerra, para suprir um suposto esquecimento do corpo presente na arte moderna. Essas modalidades artísticas, trabalhos nos quais o artista encontra seu público no desenvolvimento de sua obra, necessitariam, algumas vezes, da participação dos espectadores para a sua real efetivação. Não só o corpo do artista, mas a galeria, e também a cidade, tornar-se-iam espaços facilitadores da intervenção artística. Realidade e representação estariam fundidas numa poética que toma o contexto como ponto de partida (FREIRE, 2006).

Ao mesmo tempo que surgiram essas novas poéticas no mundo artístico, os artistas dessa época seriam os primeiros a negociar diretamente com as instituições de arte, ajudando na organização das exposições, escolhendo os artistas e escrevendo textos para os catálogos.

Esta breve definição e localização da arte contemporânea foi colocada aqui para mostrar como seus próprios atores costumam pensar esse mundo. Essa e outras teorias originaram um discurso propagado entre os atores sociais envolvidos com coletivos quanto à definição da arte contemporânea. Logo, é comum encontrar expressões que se repetem para caracterizar as produções desse novo período, como a "expansão da arte", "a desmaterialização da obra de arte", "a arte que se aproxima da vida", "a arte que promove uma interação com o público", "a arte que se aproxima de conteúdos político-sociais". Todas essas afirmações fazem parte do discurso do que se convencionou chamar arte contemporânea e com que me deparei durante o trabalho de campo. Ao longo deste livro, pretendo desmistificar uma parcela desses discursos, aqueles que estão relacionados às produções dos coletivos de artistas.

Como pude observar nos discursos analisados e que serão discutidos nos Capítulos 2, 3 e 4, a relação entre artista e instituição tem sido uma problemática recorrente nas abordagens teóricas que se preocupam em pensar as produções artísticas contemporâneas. Da mesma maneira, nas vanguardas artísticas como um todo esta parece ter sido uma preocupação recorrente: o dilema institucional. Isso talvez ocorra pelo fato de que, em momentos de transformação social no mundo artístico, artistas antes tomados como marginais se tornam parte do circuito consagrado (BÜRGER, 2008). Os coletivos de arte contemporânea – como será mostrado, mais adiante, neste trabalho

– foram e ainda são caracterizados, por parte da crítica, como atores sociais que circulam somente fora do circuito legitimado de arte. No entanto, nos discursos analisados dos próprios atores sociais, presentes no material aqui destrinchado, pode-se notar uma relação diferente daquela caracterizada pelos críticos. Foi observado, por meio de trabalho etnográfico e participante, que, nos eventos atualmente reconhecidos como os consagrados da arte, havia obras de coletivos sendo expostas ou vendidas. Dessa maneira, a questão da posição institucional dos coletivos será tratada aqui com especial atenção.

De fato, a institucionalização requer um cuidado redobrado nas discussões de arte contemporânea. Ela sempre aparece como uma questão importante. Nas entrevistas com artistas participantes de coletivos, essa problemática é sempre pautada. Um olhar sociológico não poderia deixar de perceber a importância dessa questão, nem poderia, tampouco, deixar de pensar de que maneira ela vem se tornando uma categoria nativa. Digo categoria nativa porque ao longo da realização da pesquisa – nos primeiros anos 2010 – que deu origem a este livro não havia como escutar uma conversa sobre coletivos, seja entre os próprios artistas ou seus formuladores conceituais, que não abordasse questões como "estar dentro ou fora da instituição", ou ainda "ser ou não ser institucional". E, ao colocarem essas posições e adotarem a institucionalização em diversos sentidos, não se delimitavam os agentes a um mesmo significado para esse termo. A categoria chegava, até mesmo, a ser usada num sentido amplo em referência ao sistema de produção capitalista.

Com isso, é preciso pensar de que maneira adotarei o termo instituição ao longo desta publicação. Se realizada uma pesquisa aprofundada nos estudos das Ciências Sociais, pode-se dizer que esse conceito é formulado de distintas maneiras por distintos autores. Para Peter Berger, por exemplo, a instituição é apenas uma tipificação de costumes, não existindo ser social "fora da instituição" (BERGER, 1980). Nesse sentido, nota-se que cada vez mais os atores envolvidos diretamente no mundo artístico estão incorporando conceitos das Ciências Sociais em seus discursos, mesmo sem, muitas vezes, aplicá-los (ou entendê-los) adequadamente (DABUL, 2011).

Quando adotado aqui, o termo instituição estará se referindo ao léxico nativo e, com frequência, será usado apenas para se referir às instituições de arte. Esses lugares reconhecidos pelos próprios atores sociais desse mundo como ambientes de prestígio, reconhecimento, legitimação. Espaços como museus, galerias, centros culturais, e acontecimentos tais como editais e prêmios. Logo, quando delimitado algo referente à institucionalização dos coletivos, o que pretendo abordar é a participação desses artistas nesses lugares de consagração estabelecidos pelos próprios atores sociais. Estar instituído se tornou um adjetivo de caracterização daqueles que também possuem trabalhos expostos ou financiados por essas instituições de arte.

É preciso frisar que não está entre os principais objetivos desta pesquisa delimitar uma universalização conceitual desse termo. Por isso, quando os termos forem utilizados, estarão se reportando à maneira descrita no parágrafo anterior. O que é importante, aqui, é pensar a dimensão cultural e simbólica do conceito instituição. Por isso não se torna relevante discutir seu significado do ponto de vista teórico-metodológico. Assim como Regina Novaes (NOVAES,1995) fez com o conceito reforma agrária em suas pesquisas, viu-se que a recorrência do tema instituição pode ocasionar sentidos numa teia de significados. Do mesmo modo que, em seu artigo, Regina Novaes relata como, em certo momento, todos os participantes da política nacional deveriam se expressar quanto à reforma agrária, nos lugares pelos quais circulam os coletivos todos parecem dever se expressar quanto à sua relação com a instituição. É raro encontrar indivíduos nesses grupos que se coloquem indiferentes quanto a essas temáticas.

Pensar o consagrado, o legitimado, o reconhecido, ou seja, o estabelecido no mundo da arte, faz pensar também no que é visto como o seu oposto, aquele que não está nessa mesma posição. No topo da hierarquia desse mundo se encontram os que possuem a credibilidade dos agentes sociais; embaixo, aqueles que não possuem esse poder perante os demais. O que se observou é que esses últimos são os vistos como os artistas marginais, os que não estão instituídos, ou seja, não participam daquela gama de lugares que está no topo da hierarquia. Utilizando o termo abordado por Norbert Elias, os que não estão estabelecidos são os *outsiders*[9]. Aqueles que não partilham de uma mesma honra grupal.

Essa relação entre estabelecidos e *outsiders* pode ser encontrada na sociologia de Norbert Elias (ELIAS, 2000)[10]. Um estudo de caso fez esse autor criar conceitos que abrangessem também outras realidades,

---

[9] Esse conceito é utilizado de acordo com a formulação de Norbert Elias e John Scotson em *Os Estabelecidos e os Outsiders: Sociologia das relações de poder a partir de uma pequena comunidade.* Rio de Janeiro: Jorge Zahar Editor, 2000. Mais adiante, neste capítulo, esse termo será discutido mais profundamente.

[10] Esse modelo de figuração – estabelecidos/*outsiders* – foi desenvolvido por Norbert Elias em uma pequena comunidade chamada Winston Parva. Nessa situação o que diferenciava os dois grupos de habitantes era quanto tempo seus membros habitavam na comunidade. Os recém-chegados eram chamados os *outsiders*, e os estabelecidos eram aqueles que já estavam habitando a comunidade há mais tempo. Dessa maneira, estabelecia-se o estigma do *outsider*, favorecendo a exclusão e a estigmatização. O grupo estabelecido se caracterizava pelo alto grau de coesão de seus membros, sendo esse grupo integrado enquanto o outro não. Devido a isso, havia um controle social por parte dos estabelecidos e também, com a ajuda do grande excedente de poder, já que os membros desse grupo eram os que ocupavam os cargos importantes, tendo, assim, as posições sociais privilegiadas. Portanto, esse grupo, por estar bem instalado, tinha condições de poder para excluir o outro grupo, o *outsider*.

respeitando as especificidades culturais, mas, ao mesmo tempo, acrescentando ideias a outros estudos que também estariam envolvendo figurações semelhantes.

Em outras épocas, o que se discutiria em relação ao artista *outsider* poderia abordar o artista *naif* ou um paciente de hospital psiquiátrico, ou seja, aqueles que realizam a arte não acadêmica (ZOLBERG, 2009).

No entanto, os artistas dados como marginais que aqui discuto, e que são colocados dessa maneira em discursos analisados pela crítica de arte, são os coletivos de artistas. Artistas que declaram preferir a realização de seus trabalhos artísticos nos espaços públicos e que desvalorizam as instituições formais. Esses mesmos artistas, no entanto, não deixam de aproveitar as oportunidades de expor em espaços ditos institucionalizados. Como se verá, o que se notou em campo na cidade do Rio de Janeiro são artistas que estão nas ruas e também nos museus, artistas que continuam realizando seus trabalhos pelos quais são caracterizados como *outsiders*, mas que, contudo, também estão espalhados pelas exposições dentro dos "cubos brancos".

Compreende-se, portanto, que essa caracterização, a de marginal fora dos limites sociais e desviantes das regras, não engloba toda a complexificação que circunda as ações dos coletivos, pois nota-se que eles não estão totalmente fora da configuração estabelecida nem totalmente alinhados com o que se considera *outsider*.

Crítica e artistas veem como um ato político a atitude de se questionar o consagrado e remontam a uma história da arte que narra a crítica ao bom gosto como atitude fundamental da arte de vanguarda, ao mesmo tempo que valoriza a arte coletiva e anônima em detrimento da autoria e da valorização do indivíduo[11] (PEDROSA, 1975). Isso traz um peso positivo para a dada aproximação entre arte e política. Nesse sentido, este trabalho procurará rediscutir o complexo e até mesmo contraditório papel social de *outsider* atribuído aos coletivos pelos críticos.

Percursos da pesquisa: do estudo da vida cotidiana à análise do discurso

Para responder às questões colocadas neste trabalho e entender a relação entre as categorias sociológicas e nativas, como tenho procurado distinguir ao longo deste capítulo, será fundamental rigor metodológico no

---

[11]   Sobre a questão da autoria e da arte coletiva, o crítico Mário Pedrosa se deteve longamente em artigo em que compara arquitetura e a arte da Semana de 22 (PEDROSA, 1975).

tratamento de meus materiais. Nesse sentido, acredito que seja necessário explicitar as escolhas metodológicas que nortearam a construção deste livro. A metodologia deste trabalho compreenderá um estudo das práticas da vida cotidiana complementado, também, por uma análise dos discursos observados.

A partir deste pano de fundo introdutório, é possível destacar que, para entender e discutir as questões referentes ao objeto deste trabalho, procurarei realizar uma sociologia de aspectos da vida cotidiana em interface com o trabalho etnográfico realizado. Desse modo, será possível se defrontar com as práticas dos sujeitos. Nas relações interpessoais face a face, na copresença, entender situações permeadas por relações de poder, por hierarquias de credibilidade. Aspectos que soam bastante abstratos quando a eles se faz referência, e que, por isso, seria pertinente se aproximar do concreto da vida cotidiana, para exemplificar, com práticas, esses processos tão recorrentes no vocabulário das Ciências Sociais. Fazer visíveis e, assim, mais facilmente inteligíveis os conceitos sociais por meio da abordagem prática da vida encontrada na observação participante.

Norbert Lechner cita Marx, recordando que, para ele, não basta constatar que os homens sempre trabalham, dormem, comem e lutam, mas que é preciso determinar como o fazem (LECHNER, 1988). Esse modo pelo qual as ações são realizadas só é descoberto quando se recorre à vida cotidiana. O que ficou na história não pode mais ser vivenciado; o que é sociedade só se materializa na existência dos indivíduos. Infelizmente, só com a distância de tempo é que se percebe a banalidade cotidiana como algo significativo. No entanto, é possível encontrar significados no cotidiano, no tempo presente, abordando as práticas e a materialidade em detrimento das ideias, pensando as negociações individuais como capazes de determinar mudanças nas estruturas sociais. E esse é um pensamento que serviu de fio condutor na pesquisa que deu origem a este livro.

Não só por esse motivo metodológico se faz necessário pensar a vida cotidiana, pois foi observado que as ações artísticas dos coletivos estão dialogando diretamente com ações do cotidiano. Como encontrado no texto citado anteriormente de Cristina Freire (FREIRE,2002), a arte contemporânea parece querer aproximar arte e vida. Então, surgiu como tarefa deste trabalho discutir essa entrada do cotidiano como poética de obra de arte. Ações como a do coletivo *Opavivará!*, que realizou a ação *Opavivará! Ao Vivo!*, durante a qual se instalou uma cozinha coletiva onde o público era convidado a cozinhar, conversar, lavar a louça coletivamente, no espaço da Praça da Tiradentes no Rio de Janeiro. E também como o *Piratão*, do coletivo *Filé de Peixe*, que acontece esporadicamente quando o coletivo monta sua barraca de vendas de DVDs piratas de videoarte e vídeos de artistas contemporâneos. Ou, ainda, ações como o *Checkpoint Madureira* do *Nem Coletivo*, que buscava se instalar e agir como uma alfândega abordando os passantes, dando-lhes, ou não, autorização para circular no bairro depois da realização de algumas perguntas. Ações cotidianas como cozinhar, vender ou passar por uma burocracia governamental vêm sendo recontextualizadas e colocadas como obra de arte por meio de performances.

É interessante pensar como a performance também pode ser caracterizada como uma ruptura do cotidiano, pois os atos são realizados fora de seu contexto usual e normatizado. O público de Madureira, que sempre passa pelas calçadas do mercadão do bairro, no dia da performance do *Nem Coletivo* teve uma ruptura em relação ao seu cotidiano.

Como foi realizado para a minha pesquisa, é interessante pesquisar o que já foi elaborado a respeito do mesmo objeto de estudo. E, assim, avançar a partir do que já foi constatado, realizando novas críticas circunstanciais, pois os processos nunca são os mesmos; eles se constituem na contextualidade.

Assim, foram escolhidas as metodologias que contemplam um trabalho de campo etnográfico por compreender que as experiências pessoais vividas no dia a dia podem trazer pistas para respostas a problemas universais. Afinal, a construção do sujeito é também a construção dos conceitos. Norbert Lechner (LECHNER, 1988) cita esse movimento como a "tradução" da experiência pessoal em um programa de investigação. Por isso, após a descrição das ações artísticas dos coletivos, foi necessário extrair as questões que surgiam que trariam um aprofundamento teórico em relação à arte produzida nos tempos atuais.

O que se busca, neste trabalho, é a aproximação entre o que é considerado micro e macrossocial, uma inspiração que vem da imaginação sociológica com sua capacidade de enxergar o que é social nos indivíduos. Pretende-se entender um processo de coletivização das apropriações das criações que se estende pelo mundo artístico atual.

A partir da elaboração do trabalho de campo com os coletivos de arte realizado nos anos 2010, foi possível perceber que atores sociais produzem discursos sobre si mesmos. Por isso, não é importante questionar se a verdade está sendo dita; é interessante perceber que há a construção de uma imagem social que se quer como a representativa de si mesmo e do grupo ao qual pertence. Pensando por esse viés, escolheu-se adotar a análise do discurso das comunicações investigadas como uma ferramenta de interpretação.

A interpretação das falas observadas no campo de investigação e também na comunicação pensada e elaborada que se escreve em textos e entrevistas presentes em publicações de críticos e artistas será baseada numa ótica que contempla a reflexão pautada na análise do discurso[12].

Minha investigação de uma parcela da realidade social das ações coletivas da arte contemporânea se localizará nos entremeios, nos interstícios, nos vãos. Realizando uma articulação contraditória, a desconstrução e compreensão incessante do discurso. Procurando tangenciar o contato do histórico com o linguístico, o que constitui a materialidade intrínseca ao discurso.

Durante a pesquisa, tentarei realizar uma reflexão segundo o pensamento de Pêcheux, que entende o discurso como estrutura e como acontecimento, passando por três caminhos que se entrecruzam: primeiro o caminho do enunciado e do acontecimento; segundo o caminho de uma questão filosófica ou da estrutura, e o terceiro caminho que segue a tradição francesa da análise do discurso como uma tensão entre descrição e interpretação.

Os enunciados apegados aos acontecimentos são eficazes ao mostrar como um mesmo fato pode ter diferentes discursos que não constroem as mesmas significações. Esse caminho do enunciado quer pensar acerca de quem fala e também o que, como e por que fala, refletindo acerca das discursividades que trabalham em um acontecimento. Por isso, neste trabalho serão abordadas as falas dos críticos, dos artistas e a do pesquisador quanto ao acontecimento dos coletivos na arte contemporânea. Buscando mostrar as diferentes significações atribuídas aos mesmos questionamentos, pensando também as estratégias das maneiras adotadas para apresentar a fala.

A análise do discurso se constitui por uma aproximação entre teoria e procedimentos, entre práticas de análise da linguagem ordinária e práticas de leitura de arranjos textuais discursivos, provenientes de abordagens

---

[12] Em 1969, Michel Pêcheux (PÊCHEUX, 2006) introduziu esse termo aos estudos da linguagem para se contrapor ao método consagrado até então, a análise do conteúdo. A entrada da discursividade nas análises linguísticas pode ser comparada à entrada da subjetividade no rigor científico das Ciências Sociais. A análise do discurso se opõe ao rigor positivista da análise do conteúdo, que enraíza suas bases de legitimidade na busca por uma verdade absoluta, necessitando, assim, da anulação da subjetividade do pesquisador, apagando sua presença. Sendo assim, essa não seria uma boa escolha para a análise dos textos investigados, visto que o fio condutor que canaliza o desenvolvimento teórico desta pesquisa não busca se afastar da presença do investigador. A crítica de Pêcheux ao método tradicional de análise de conteúdo consiste na ausência de problematização de elementos teórico-conceituais que se mostrem presentes na análise desse método. A discursividade da análise do discurso pretende evidenciar a relação entre texto e determinado lugar social, visa integrar o entorno ao que está sendo comunicado. Por isso a contextualização das falas é um cuidado que se obteve quando realizada a análise dos discursos durante a elaboração de minha pesquisa. Busquei interpretar utilizando o contexto como referência, pensando nas ações dos coletivos e também seu momento e lugar dentro do mundo da arte.

estruturais[13]. Em suma, essa aproximação se dá por meio das materialidades discursivas, ou seja, rituais ideológicos, discursos filosóficos em enunciados políticos, nas formas culturais ou estéticas – como as investigadas neste trabalho, por meio de suas relações com o cotidiano, com o que é ordinário. Nessas relações com o cotidiano, localizam-se as materialidades discursivas as quais servem de apoio para o trabalho de pesquisa simbólica das relações do mundo da arte.

Na realização dessa teoria preconizada neste momento, há a exigência de dar preferência à descrição das materialidades discursivas. Uma descrição que não é aquela inseparável da interpretação como quis a hermenêutica e a fenomenologia. Deve-se ater à língua, ao objeto da linguística. Ao real da língua, que se dá sob a forma de existência do simbólico. E que aparece atravessado por uma divisão discursiva: de um lado, manipulações de significados que são dados, e, de outro, transformações de sentido, que é construído sobre as interpretações.

Durante a descrição dessas materialidades discursivas, ao longo da elaboração desta pesquisa, percebeu-se uma dificuldade para o pesquisador que Michel Pêcheux descreve: um caráter oscilante e paradoxal no registro do ordinário, uma zona intermediária de processos discursivos, em que propriedades lógicas dos objetos por vezes deixam de funcionar, uma coisa pode ser e não ser, ou pode estar ou não ali.

Entende-se, neste trabalho, que todo enunciado está facilmente correndo o risco de tornar-se outro, de derivar de sentido. Optou-se, então, pela análise do discurso, pois ela pretende trabalhar nesse espaço da deriva. Toda sequência de enunciados é descritível como uma série de pontos de derivas possíveis oferecendo lugar à interpretação. Percebe-se que, no mundo da arte estudado, os discursos vêm derivando de sentido, tanto entre críticos quanto entre artistas, em relação aos discursos da época em que os coletivos surgiram e se espalharam, no início dos anos 2000, e nos tempos estudados, nos anos 2010, quando os coletivos participaram ativamente das exposições em instituições. Esses discursos que mudam de significado serão aqueles investigados na busca de uma compreensão simbólica.

Para Pêcheux, a questão importante, o essencial, é entender em quais momentos do discurso há a descrição e em quais há a interpretação. Por isso, estará entre os objetivos desta investigação delimitar o que é um e o

---

[13]   A estrutura discutida por Michel Pêcheux não se aproxima do estruturalismo por acreditar que essa escola se tornou mais uma ciência régia. A castração simbólica e a aproximação dos processos matemáticos negam sua própria posição de interpretação. E, como foi explicitado aqui, trata-se de investigar simbolicamente os processos. Não colaboraria, assim, para esta pesquisa, uma teoria que oferecesse um rompimento simbólico.

que é outro. Nos momentos identificados como interpretação, em que se percebem os atos de tomada de posição, encontram-se os principais efeitos da identificação na qual ocorre a ligação sócio-histórica afetada, por vezes, pelas agitações nas filiações, e pelo deslocamento no espaço. Devido a isso, a análise pode consistir em uma interpretação da interpretação, e também numa delimitação do que é descrição, atentando, ainda, para a carga simbólica do discurso.

Com esse amplo leque teórico-metodológico destrinchado até aqui, busquei preparar o terreno de pesquisa com análises incipientes acerca de questões cruciais que surgiram na investigação proposta. Visto que, ao longo das análises das ações e dos discursos dos críticos e artistas que se seguem nos Capítulos 2, 3 e 4, algumas questões mereceriam um levantamento teórico que abrangesse uma leva de questionamentos maiores. Com esse objetivo, neste capítulo, primeiramente elaborou-se uma teia de significados para se fazer uma espécie de panorama quanto ao sentido em que os principais conceitos abordados ao longo deste livro são utilizados. De maneira que se buscou chamar a atenção para o fato de que, apesar dos sentidos isolados, todos os conceitos possuem um olhar nativo e outro do pesquisador, os quais não devem ser descartados, pois ambos são relevantes para promover uma relação da qual podem ser extraídos significados sociológicos.

Refletindo e debatendo, busquei aqui desenhar de que forma discursos ordenam as práticas cotidianas, e também de que forma as práticas são alteradas pelos discursos. Minha proposta considera a interação entre os indivíduos realizada na vida cotidiana responsável pelas transferências culturais, o que torna as condutas sociais legitimadas e institucionalizadas[14], com o intuito de me aproximar de uma compreensão de mudanças sociais presentes na arte.

---

[14] Desta vez, institucionalizar refere-se ao seu significado sociológico, trazido anteriormente por Peter Berger.

2

OS COLETIVOS NO DISCURSO DA CRÍTICA DE ARTE

Os críticos de arte são figuras importantes no panorama da consagração dos coletivos de artistas ocorrido nos anos 2000-2010, dentro dos meios acadêmicos, dos museus e do mercado. Isso talvez se deva ao papel que a crítica adquiriu no mundo da arte contemporânea, principalmente ao longo do século XX, momento em que críticos como Mário Pedrosa aproximaram o fazer da crítica cultural da militância política.

Por mais que no início do século XXI o papel do crítico esteja menos evidenciado do que anteriormente, pode-se afirmar que a crítica de arte tem seu papel na instalação dos cânones do mundo da arte. A crítica de arte costuma ser conceituada como uma espécie de avaliação ou análise de obras, realizada por uma pessoa que, supostamente, possui conhecimento sobre esses trabalhos artísticos para poder realizar tais leituras críticas[15]. Essas críticas são publicadas em periódicos de notícias ou em revistas especializadas, sendo também apresentadas em livros e catálogos de exposição. Por isso, os críticos podem ser tidos como responsáveis por contribuir para a consagração ou para o esquecimento dos artistas. Além disso, muitos exercem a dupla função crítico/curador, sendo o curador um importante agente legitimador na arte contemporânea.

Na Sociologia, sobre o papel social do crítico no mundo da arte contemporânea, Howard Becker (BECKER, 1982) desenvolveu um pensamento em que define a crítica como construção, pensando-a como um veículo de produção de conhecimento, e também colocando-a na esfera das práticas. Esse autor, ao pensar esses atores da vida social, abandona a suposta pretensão deles de orientar ou instruir o público: entende a crítica de arte por meio da participação na produção das obras, e a coloca

---

[15] Definição de crítica de arte segundo Enciclopédia Itaú Cultural: "Em sentido estrito, a noção de crítica de arte diz respeito a análises e juízos de valor emitidos sobre as obras de arte que, no limite, reconhecem e definem os produtos artísticos como tais. Envolve interpretação, julgamento, avaliação e gosto [...]". Disponível em: http://www.itaucultural.org.br/aplicexternas/enciclopedia_ic/index.cfm?fuseaction=termos_texto&cd_verbete=3178. Acesso em: 10 out. 2021.

numa parte integrante da rede de cooperação que envolve os artistas, os produtores e o público. Assim, essa posição tem uma abordagem contrária àquela do distanciamento e da autonomia que a própria crítica costuma se atribuir. Por isso, neste trabalho, irei buscar entender de que forma, dentro do mundo da arte contemporânea, o crítico e os artistas pertencentes aos coletivos possuem uma ligação colaborativa. Justamente em um contexto como o brasileiro, no qual os críticos são, em sua maioria, também curadores – aqueles responsáveis por recrutar obras e pensar os conceitos das exposições. O que busco entender é de que maneira as relações são construídas por meio de interações que permeiam um discurso e ordenam práticas.

Dos três críticos apontados como responsáveis por renovar a curadoria no país, em reportagem do jornal *O Globo*, dois elaboraram textos analisados neste trabalho nos quais propõem pensar a arte produzida pelos coletivos de arte contemporânea.

> Se os jovens artistas indicam os novos rumos da arte no país, cresce com eles uma geração de curadores que refletem sobre esses caminhos. Eles são novos pela idade, mas também por imprimir um olhar fresco à curadoria de exposições, que são organizadas em espaços antes impensados, como galerias comerciais .Entre 30 e poucos e 30 e muitos anos, os cariocas Felipe Scovino, Daniela Labra e Marcelo Campos são três desses curadores cariocas que se dividem entre a crítica e a produção, entre as aulas e os editais de exposições — e, nesse vaivém, têm renovado a curadoria no país (VELASCO, 2014:23).

Com base nessas análises, o que se quer pensar aqui é: como os críticos definem os coletivos nesse momento de sua consagração, os anos 2010? Como avaliavam suas dinâmicas de funcionamento? Essas críticas eram coerentes com as avaliações dos próprios integrantes quanto às suas relações com as instituições de arte? Pretendo mostrar, neste capítulo, textos de alguns jovens críticos e de outros mais consagrados, e também textos críticos elaborados por jornalistas ou pensadores da área, quanto à produção desses grupos de artistas. É preciso pensar acerca desse discurso quase sempre consensual que se produziu sobre o que é um coletivo de arte, para tentar elaborar uma análise das relações entre arte coletiva e instituições de arte. E dessa maneira talvez encontrar também interessantes pistas sobre a formação de cânones, processo estrutural para entender o mundo da arte.

Os textos críticos elogiosos aos trabalhos de coletivos podem ter impulsionado o rápido processo de legitimação que esses grupos desenvolveram nas instituições de arte. Sendo assim, é raro encontrar uma definição elaborada nesse período diferente das apontadas neste estudo para uma descrição dos trabalhos realizados. Em outras palavras, criou-se um tipo comum de coletivo, que, como foi observado, segue uma definição defendida por muitos críticos (LABRA, 2009; OSORIO, 2001; SCOVINO, 2010). É possível notar que os coletivos foram colocados como parte de uma arte experimental e inovadora nas críticas apresentadas (OSORIO, 2001; DINIZ, 2012). Características que são comumente observadas nas vanguardas artísticas. Diz-se haver política nas ações dos coletivos, por abrirem mão das instituições como fontes reguladoras de suas práticas (LABRA, 2009; ROSAS, 2008). Práticas que estariam negando a autoria individual da obra e a sua materialidade, pois atuariam, muitas vezes, por meio de performances. Com frequência, os coletivos foram também vistos como herdeiros dos precursores da arte performance, e seus reinventores, por realizá-las coletivamente, sem autoria pessoal identificada (DUARTE, 2013). Em reportagens ou críticas publicadas em periódicos, os nomes dos artistas de coletivos foram atrelados aos nomes da arte neoconcreta. Observei que nesse período legitimador dos anos 2010, havia uma espécie de crença na esfera pública de que esses artistas estivessem sendo influenciados diretamente por essas "entidades" da arte contemporânea.

Viu-se que três aspectos eram trazidos de maneira recorrente quando feita uma caracterização crítica dos trabalhos realizados pelos coletivos. São eles: 1) a "herança" neoconcreta – uma origem estratégica para legitimar uma consagração –; 2) a relação com a política, por "negarem" a(s) instituição(ões); e 3) uma segunda relação com a política, por desenvolverem uma arte experimental e inovadora quando se pensa suas técnicas performáticas e/ou as "Zonas Autônomas Temporárias". Por isso, neste segundo capítulo, serão trazidos textos críticos, elaborados, na maior parte, por críticos de arte e também por jornalistas ou teóricos das humanidades, que evidenciam como essas três esferas são as que principalmente aparecem nos comentários críticos sobre trabalhos dos coletivos. Fazendo com que se crie, como ressaltado anteriormente, um tipo comum ou uma imagem social do que são esses grupos e seus significados para pensar o mundo da arte contemporânea.

Viu-se que esses três aspectos são observados, exaustivamente, como uma afirmação no discurso da crítica. Enquanto isso, nos discursos dos próprios coletivos, outros aspectos são destacados. Sobre esses aspectos elaborados pelos próprios agentes dessa arte coletiva, farei um aprofundamento no próximo capítulo, o Capítulo 3.

Os três aspectos do discurso da crítica

Como ressaltado anteriormente, foi possível destrinchar, ao analisar os textos críticos que propuseram pensar e avaliar trabalhos elaborados por coletivos de artistas, três principais mensagens as quais se repetiam de uma maneira ou de outra e que parecem formar o discurso da crítica sobre do que se tratava um coletivo de artistas.

A relação de parentesco com o neoconcretismo

Nas críticas analisadas com o intuito de debater os questionamentos trazidos por este livro, ficou evidente a elaboração de uma analogia entre os trabalhos dos coletivos de artistas de hoje e a arte neoconcreta que surgiu no Brasil em fins da década de 1950. Em reportagem para o jornal *Folha de São Paulo* em fevereiro de 2010, o jornalista Silas Martí[16] escreve sobre os trabalhos de alguns coletivos do Rio de Janeiro e de Minas Gerais. Nessa reportagem publicada na primeira página do setor cultural, o *Caderno Folha Ilustrada*, observei que primeiramente o leitor se depara com uma representação ilustrativa de parentesco, uma espécie de árvore genealógica. Nela, a figura paterna é apresentada como Hélio Oiticica, a materna por Lygia Clark e os filhos desse casamento seriam os coletivos *Barracão Maravilha, Nuvem, Lotes Vagos, Filé de Peixe* e *Opavivará!*. Tratando exatamente dessa analogia que se quer discutir aqui, essa reportagem tem os nomes de Hélio Oiticica e/ou Lygia Clark aparecendo em sete dos 14 parágrafos do texto. As ligações são feitas com expressões como: "*reacender* a brasa dos programas ambientais da arte participativa e a polêmica libertária"; "Clark e Oiticica são da estirpe de heróis dos anos 60 e 70 que *impulsionam* coletivos de artistas em todo o país"; e "*Eco* dos ambientes imersivos de Oiticica, como as "cosmococas".

---

[16] Apesar de Silas Martí não ser, assumidamente, um crítico de arte, produz reportagens para o caderno de cultura de um dos principais jornais do país. Ao elaborar uma espécie de avaliação e também se apoiar na história da arte para realizá-las, entende-se que esse texto de jornalismo cultural se enquadra no argumento para esta pesquisa.

Figura 3 – "Heróis dos anos 60 e 70 inspiram, com suas ideias libertárias, coletivos de artistas de Rio e Minas"

Fonte: reportagem do *Jornal Folha de São Paulo* por Silas Martí, publicada em 11 de fevereiro de 2010

Essa reportagem trata apenas da genealogia dos coletivos e tem como objetivo principal mostrar aos seus leitores essa relação de parentesco, relação que, segundo Martí, apoiar-se-ia numa questão de atitude e não em relações formais específicas:

> No fim, é mais uma questão de atitude do que de relações formais específicas. Nenhum desses grupos parece usar Clark ou Oiticica como bandeira para garantir sucesso. No lugar de uma apropriação banal, indevida, operam movidos por reverência e saudades de uma época que não viveram (MARTÍ, 2010).

Não só no jornal *Folha de São Paulo*, mas também no jornal *O Globo*, há abordagens em que aparece uma relação forte do neoconcretismo com os coletivos. Na reportagem intitulada "Quando seis são apenas um", de Audrey Furlaneto[17], sobre o coletivo *Opavivará!*, publicada em 21 de abril de 2012, há dois subtítulos que dividem a matéria. Um deles é "Herdeiro da vanguarda de 1960", que aparece destacado em negrito.

---

[17] Audrey Furlaneto, assim como Silas Martí, não é uma crítica de arte. No entanto, é jornalista do caderno de cultura de outro veículo de grande circulação no país, o jornal *O Globo*.

No entanto, há apenas uma pequena remissão a essa suposta herança que foi destacada:

> Felipe Chaimovich, curador do MAM de São Paulo – que tem, em seu acervo, dez exemplares das cadeiras [produzidas pelo Opavivará][18]–, conta que o trabalho já foi exposto como obra de arte e também usado como mobiliário no museu [...]. Ele, aliás, convidou o *Opavivará!*, que diz ser "herdeiro da vanguarda dos anos 1960", para cozinhar no MAM, em Novembro (FURLANETO, 2014:27).

É interessante observar o destaque que se dá, nessa reportagem, para a herança. Mesmo que não se tenha alongado sobre essa relação, no decorrer do texto, a genealogia estava em evidência. E as escolhas por evidências talvez possam permear estratégias de legitimação. Tanto na reportagem de Silas Martí quanto na de Audrey Furlaneto, em uma primeira olhada, é possível identificar a analogia que se quer mostrar nesta pesquisa. Não é preciso nem ao menos ler o texto jornalístico; apenas passar os olhos sobre os desenhos gráficos e os subtítulos das reportagens, para entender a ligação que se estabelece entre os coletivos e os artistas neoconcretos atuantes na década de 1960.

---

[18] *Espreguiçadeira Multi* (2010), cadeira de praia comum com três lugares criada pelo coletivo *Opavivará!*.

Figura 4 – Obra *Espreguiçadeira multi* (2010) do coletivo *Opavivará!*

Fonte: disponível em: www.opavivara.com.br. Acesso em: 10 de fevereiro de 2023.

Essas matérias, publicadas em 2010 e 2012, não fogem ao discurso que continuou sendo produzido em 2013 e 2014 encontrado em definições de coletivos elaboradas em textos críticos. Moacir dos Anjos, curador e pesquisador, redigiu a apresentação da exposição "Ao amor do público", do coletivo *Opavivará!*, realizada em 2013, na galeria *A Gentil Carioca*, na cidade do Rio de Janeiro. No ensaio, intitulado "Três coisas que eu acho que sei sobre o *Opavivará!*", Moacir destaca uma gênese, um contexto geográfico de origem e também uma estratégia no que tange à produção artística analisada. Ao pontuar uma gênese, vai além de destacar uma influência: constrói uma genealogia na qual, dentre outros, aponta Lygia Pape, Hélio Oiticica, José Celso Martinez Correa e Flávio de Carvalho como transmissores de uma herança em que o *Opavivará!* se banha, chamando de "lista resumida de aparentados" esses artistas que supostamente deram origem ao coletivo:

> Há uma genealogia. Dela faz parte, sem dúvida, João do Rio e a vontade de capturar o ritmo, os modos e os tipos das ruas. Um olhar para fora da casa, enfim conquistado. Faz tempo isso, início do século que já é passado. Ainda na literatura, talvez João Antônio, paulista que viveu anos em Copacabana, escrevendo através dos olhos de vagabundos, putas, loucos e todos os que resistem ao regramento da vida ordinária. Também está nela, é evidente, Flávio de Carvalho, que imaginou

a "cidade do homem nu", livre dos preconceitos burgueses e paroquiais. Aquele híbrido de artista-arquiteto-engenheiro-escritor que perdeu o pejo e o nojo de lançar-se à prova dos nove da vida. O mesmo que, na São Paulo acanhada de muitas décadas atrás, quis atravessar sozinho a procissão de Corpus Christi, no sentido contrário ao que vinham os fiéis compactos e contritos, ainda mais de gorro enterrado na cabeça, sendo por isso quase linchado. O homem que quis fundar o cortejo dos desgarrados e reinventar a relação com Deus e os anônimos que formam multidões sem faces. E que tempos depois desfilou de saia no centro da cidade, desvelando o disparate de o brasileiro vestir-se como vivesse na Europa. Há vários outros que pertencem a esse **inventário breve,** e os que aqui vão citados são os incontornáveis. Lygia Pape, por exemplo. Aquela que via "espaços imantados" formarem-se nos movimentos coreografados de gentes nas ruas, criados pelo vendedor ambulante ou pelo mágico; por aqueles que buscavam juntos o parque aos domingos; pelos outros reunidos para fazer ginástica no estacionamento vazio de carros; pelos capoeiristas que jogam seus corpos suados na praça e lutam. Espaços imantados são os pontos vitais da cidade, entre os quais seus habitantes se deslocam o tempo inteiro, puxando um fio que se trança e se enovela, estabelecendo formas novas e variadas de relacionar-se com um lugar. Lygia Pape que quis a todo custo apreender em fotografias esses territórios inventados, tarefa tão crucial quanto inglória: a captura do essencial é sempre falhada, embora seja impossível não buscá-la. Na **lista resumida de aparentados** se impõe ainda José Celso Martinez Corrêa e sua Uzyna Uzona, bacantes dispostos a beber o mundo e a dançá-lo, fazendo do encontro dos corpos e do gozo partilhado armas certeiras contra o encolhimento moral. Trazendo a rua suja e transparente para dentro da instituição teatro, quebrando quantas paredes fossem necessárias para que ela de novo se impusesse como espaço da celebração possível de uma vida nômade. E há, é certo, Hélio Oiticica, que um dia propôs um "esquenta pro carnaval" no boteco Buraco Quente, no Morro da Mangueira, como o ambiente propício à emergência de um estado de invenção radical. E que com seu "delirium ambulatorium" apontou o deambular ocioso como a expressão melhor de um projeto de ambientação e imersão no cotidiano. Um jogar-se na vadiagem que se abre para o que está nas ruas em busca de elementos – prosaicos ou extraordinários, suaves ou ásperos – que emancipem o corpo. O que um dia foi museu, aqui se transforma efetivamente no mundo, e o 'verdadeiro fazer' da arte se torna a vivência de cada um. É nessa **herança** potente que *Opavivará!* se banha, estendendo-a e ampliando a para outros lugares e tempos (ANJOS, 2014, p. 14, grifo meu).

Figura 5 – Obras para serem vestidas e manuseadas pelo público na exposição "Ao amor do público" do coletivo *Opavivará!*, galeria *A Gentil Carioca*, 2013

Fonte: disponível em: www.opavivará.com.br. Acesso em: 29 jan. 2014

Figura 6 – Mesa que poderia ser vestida na exposição "Ao Amor do público" do coletivo *Opavivará!*, galeria *A Gentil Carioca*, 2013

Fonte: disponível em: www.opavivará.com.br. Acesso em: 29 jan. 2014

É preciso destacar que os nomes citados por esse crítico são nomes de peso. Artistas que têm seu lugar marcado na história da arte contemporânea brasileira. Ou seja, há de se questionar o que pode acontecer quando se realiza essa forte conexão geracional, entre jovens artistas e sua herança com grandes estrelas do mundo da arte?

Seguindo essa mesma linha de busca de mitos de origem, Luisa Duarte, em crítica publicada no caderno de cultura do jornal *O Globo*, analisou a mesma exposição do *Opavivará!* para a qual Moacir dos Anjos fez o texto crítico. Em seu texto Duarte aponta como correta essa gênese encontrada ao pensar a produção do coletivo:

> Como corretamente afirma o crítico Moacir dos Anjos em um texto seu, sim, esse tipo de proposta possui uma **gênese**. Hélio Oiticica e Lygia Clark, Zé Celso Martinez Correa e o que Nicolas Bourriaud batizou no começo dos anos 2000 de "Estética Relacional" fazem parte dela (DUARTE, 2013, grifo meu).

Nota-se, então, que, nos discursos de Silas Martí, Moacir dos Anjos, Felipe Chaimovich e Luisa Duarte, foi possível observar a relação entre os coletivos dos primeiros anos dos anos 2010 e os artistas neoconcretos sendo descrita por meio de uma ligação de parentesco. As palavras utilizadas por todos eles – "aparentados", "herança", "gênese" – são palavras que atingem um grau de relacionamento distinto e mais específico do que influência, por exemplo. Pensando a carga simbólica intrínseca nesse discurso, pode-se observar como retraçar uma origem pode se encaixar numa tentativa de recriar uma honra especial, e assim fazer parte de uma estratégia de reconhecimento dentro do mundo da arte contemporânea. E talvez com isso assistimos assim a criação do que pode ser chamado de cânone artístico. Tanto Silas Martí, ao colocar em símbolo uma representação genealógica de parentesco, quanto Moacir dos Anjos, ao utilizar palavras como "herança", posicionam-se de maneira similar ao tentar trazer uma relação entre os artistas dos anos 60 e os de 2010.

Outros críticos também abordam a relação entre os artistas desses dois períodos históricos. No entanto, não a classificam de maneira tão profunda, como os citados anteriormente. Atentando-se ao catálogo da exposição *Panorama da Arte Brasileira 2001*[19] (RESENDE,2001), pode-se

---

[19] Ericson Pires, artista plástico que pertenceu ao coletivo *HAPAX* e também teórico das artes, em seu livro *Cidade Ocupada* (PIRES, 2007), aponta essa exposição como um marco da entrada da poética dos coletivos nas instituições de arte. Na realização do meu trabalho de campo, também recebi indicação desse catálogo como fonte de pesquisa para pensar a aceitação da arte dos coletivos nas exposições do mundo da arte contemporânea.

notar como os coletivos naquele tempo são considerados uma novidade. Luiz Camillo Osorio, crítico de arte e ex-diretor/curador do MAM/RJ, já destacava que "guardadas as diferenças de geração, muitas são as afinidades entre a produção atual e a das décadas de 1960 e 1970" (OSORIO, 2001), ressaltando essa relação mediante uma remissão que coloca posteriormente:

> A incerteza sobre o estatuto de artista desobriga-o de uma subjetividade forte, de uma associação essencialmente moderna entre o "eu" e a criação. Talvez isto nos dê alguma pista para pensarmos sobre a razão de tantas "parcerias poéticas" na cena contemporânea. O artista, além do seu tradicional papel de sujeito criador, que mantém sua pertinência, também passou a poder ser pensado como um propositor coletivo. A remissão aí a Lygia Clark, Lygia Pape e Hélio Oiticica é óbvia. Este é um direcionamento ainda indefinido que tem como expectativa a vontade de redimensionar e transformar a inserção da arte no espaço público. (OSORIO, 2001).

Nesse trecho, o crítico aponta de que maneira o artista desses grupos passou a poder ser pensado como um propositor coletivo, fazendo uma remissão, segundo ele óbvia, aos artistas neoconcretos Lygia Clark, Lygia Pape e Hélio Oiticica.

Em reportagem sobre o coletivo *Filé de Peixe*, Renato Silva, para a *Revista Soma* – especializada em arte e música –, dedica, também, um trecho a essa relação entre artistas atuais e do passado que se quer debater neste capítulo:

> Deixando de lado as questões estéticas e contextuais, a ousadia do Filé de Peixe remete às ações audaciosas de grupos como o paulista Ruptura e o carioca Frente, ambos ativos nos anos 1950, ou mesmo o Neoconcreto, surgido da cisão do Movimento Concreto em 1959 e que reuniu Hélio Oiticica, Amilcar de Castro, Lygia Clark, Lygia Pape e Franz Weissmann (SILVA, 2014).

Nesse contexto, percebe-se que as análises críticas das obras dos coletivos apontadas vão desde uma simples remissão, passando por uma remissão óbvia, e também uma herança, até chegar a uma "lista de aparentados". É interessante pensar como essas relações são colocadas em intensidades diversificadas, mas que têm um único referencial que as une: a arte neoconcreta. Esse movimento artístico, que é reconhecido, no mundo da arte contemporânea, por finalmente lançar artistas brasileiros no cenário internacional da arte[20], pode ter servido de instrumento somatório que atribui carga simbólica a um novo tipo de arte ao estabelecer essa ligação.

Um caráter político da obra, desencadeado pelas supostas críticas às instituições, e também a performance realizada pelos coletivos, identificada como uma arte experimental e inovadora, capaz de produzir encontros com o público que democratizem a arte, serão os próximos dois aspectos trabalhados na análise dos discursos da crítica.

Arte e política: a(s) instituição(ões)

Os coletivos, além da referência ao neoconcretismo, são caracterizados também como questionadores do mercado de arte atual, ou seja, como os tais agentes, que Pierre Bourdieu (BOURDIEU, 1992) caracterizou como os responsáveis por subverter a ordem do capital artístico. Esses grupos são colocados, por críticos e pensadores de arte, como uma vertente marginal ao mercado, chegando a criar até mesmo meios alternativos de circulação dessa "outra" arte. Por isso, é possível se deparar com artigos escritos por críticos de arte, como Daniela Labra, que mostram como os coletivos teriam surgido para criticar o sistema institucional:

> Os coletivos artísticos, como as organizações civis, são redes de trabalho e de relações. Eles hoje abundam e não se limitam apenas a questionar o lugar e a função da arte. Grupos atuantes em 2009, como PORO, Laranjas, Frente 3 de Fevereiro, RRADIAL, Filé de Peixe, entre outros, realizam ações em espaços públicos e artísticos, e tanto **focam na crítica ao sistema institucional** da arte como em questões éticas, políticas e sociais (LABRA, 2009, grifo meu).

Além disso, são caracterizados também como possuidores muitas vezes de uma indiferença em relação às instituições, como colocou o crítico e professor Felipe Scovino:

> Os coletivos estão situados em um tempo no qual pensar alternativas para a criação, reflexão, debate, comércio e exposição das práticas artísticas tornou-se fundamental e angustiante. Vivemos em um território de ambiguidades no panorama das artes visuais no Brasil. É estimulada a criação de museus, mas **nem sempre a produção desses coletivos**

---

[20] No entanto, não são todos os teóricos da arte que concordam com essa afirmativa.

> **é "oficializada", e muitas vezes não é do interesse desses artistas que essa produção seja adquirida ou habite espaços institucionais**. Os coletivos nos colocam uma questão de autossuficiência e produção que articula uma nova possibilidade de geração e administração desse bem comum: a experimentação (REZENDE; SCOVINO, 2010, grifo meu).

Frisando a falta de interesse dos artistas que suas produções habitassem espaços institucionalizados, ou fossem "oficializadas", Scovino toca em um ponto importante que este trabalho busca questionar: afinal, como será mostrado no capítulo seguinte, não há um discurso consensual quanto à negação desses coletivos aos circuitos institucionais, pois como mostrarei, artistas de coletivos estão cada vez mais aceitando participar de mostras importantes dentro dos espaços consagrados da arte contemporânea.

Ainda assim, pensadores como Ricardo Rosas[21] publicaram textos dissertando sobre o assunto e afirmando que os coletivos estão fora do circuito institucional das artes:

> Na Europa e nos EUA, a fusão de arte e política já estava presente nos dadaístas e surrealistas. Se essa junção sempre esteve presente lá fora, o atual beco sem saída do neoliberalismo parece haver despertado a consciência de vários grupos no Brasil, que **passaram a criar fora das instituições estabelecidas com performances**, intervenções urbanas, festas, tortadas, filmagens *in loco* de protestos e manifestações, ocupações, trabalhos com movimentos sociais, *culture jamming* e ativismo de 130 mídia. (ROSAS, 2008, grifo meu).

Tentando entender o sentido da instituição para a crítica de arte e seus teóricos, pode se notar que nessas primeiras citações a instituição aparece simplesmente como aquilo a que os coletivos se opõem. Já nesta segunda citação de Daniela Labra, o sentido da crítica à instituição começa a ficar mais claro:

> Além de promoverem ações estéticas e políticas no espaço social, os coletivos também respondem a um problema do mercado: falta instituição para tantos artistas. Diante deste fato, **eles realizam exposições e vendas em paralelo ao circuito de galerias e curadores *mainstream***. Organizam

---

[21] Ricardo Rosas foi o criador do site rizoma.net que existiu de 2002 a 2009 e compilou um acervo de artigos, traduções, entrevistas sobre hackativismo, contracultura e intervenção urbana. Conhecido como um dos precursores do ciberativismo no Brasil, Ricardo faleceu em 2007. A relevância de seu trabalho fez com que fosse homenageado em Fortaleza dando nome ao prêmio de arte e cultura digital da cidade.

> seus próprios eventos, escrevem seus textos e anunciam suas ações em blogs, twitter, redes de relacionamento, etc. E, desse modo, vão construindo seu próprio canal oficial para a circulação de arte (LABRA, 2009, grifo meu).

Labra e outros, portanto, parecem entender tanto mercado quanto museus como *a instituição* de arte, porém, mais do que isso, há a questão de esses coletivos se oporem a todo um conjunto daquilo que é entendido como *"mainstream"*. Talvez o que críticos e artistas entendam por instituição sejam definições diferentes. A metáfora dos artistas inconformistas de Howard Becker se encaixa com o pensamento sobre como os coletivos funcionam para os críticos, pois para Becker (BECKER, 1977) esses artistas não estariam de acordo com as convenções estabelecidas dentro do mundo artístico, e para os críticos é dessa maneira que operam os coletivos.

No entanto, a identificação da aceitação da arte dos coletivos em galerias e museus é uma questão deste trabalho, e, por mais que não seja o discurso majoritário da crítica, foram encontrados autores que também identificam essa prática. Ericson Pires, artista que pertenceu ao coletivo *HAPAX*[22] e também teórico das artes, propôs-se a escrever sobre esse mesmo fenômeno estudado nesta pesquisa, e com isso afirmava:

> Segundo as palavras do próprio Alexandre Vogler, eles não pensavam – e não desejavam, de maneira direta – a entrada em nenhum circuito de arte institucional, quando organizaram as ocupações propostas no Atrocidades Maravilhosas. **Muitos deles não imaginavam qualquer possibilidade de diálogo ou relação com circuitos de galerias, museus ou mostras que tivessem algum tipo de importância para o institucional circuito de arte.** A grande expectativa deles girava em torno da recepção de mídia e público da cidade. Para eles, o trabalho se realizaria no impacto sobre a mídia não especializada, sendo transformado em um evento *sui generis* em meio à paisagem urbana, criando ruído e estranhamento. Mas o que aconteceu, na realidade, foi uma pequena repercussão nesses meios. E de maneira surpreendente, o circuito de arte institucional recebeu bem a iniciativa. O primeiro sinal concreto foi o convite para a participação do Panorama da Arte Brasileira em 2001, organizado pelo MAM São Paulo (PIRES, 2007, grifo meu)

---

[22] O coletivo *HAPAX* surgiu em 2001, na cidade do Rio de Janeiro, onde esteve presente em exposições em importantes centros culturais da cidade como o Oi Futuro e o Centro de Arte Hélio Oiticica.

Pode-se perceber a utilização de um exemplo de fala – a do artista Alexandre Vogler[23] – para atestar seu argumento de que não havia expectativa desses artistas em estabelecer um diálogo com os circuitos institucionais de arte. Até esse ponto, Pires corroborava o discurso apresentado anteriormente, em que críticos viam coletivos como defensores de uma arte à parte do circuito oficial. No entanto, logo depois, o artista assumiu que houve um diálogo e uma boa recepção, para a surpresa desses atores sociais. Assim, Pires entendia, como entendo neste trabalho, que as produções dos coletivos estão participando de mostras dentro do circuito dito oficial.

Pensando a respeito desse mesmo aspecto, a institucionalização dos coletivos, em outra entrevista, o mesmo Alexandre Vogler assumiu um discurso em que não parece se opor à entrada do *Atrocidades Maravilhosas* aos circuitos institucionais:

> Vogler: Acho esse papo de "institucional" irritante. Se você concorre ao edital, se a prefeitura gere o recurso que você paga enquanto imposto... A instituição é você. Quando na época se comentou: "Vocês deixaram de fazer o Zona Franca, que era uma coisa feita a Deus-dará, e começaram a ganhar dinheiro da Prefeitura para fazer o alfândega. Que história é essa? Vocês não serão capturados pela instituição?" A instituição sou eu! A prefeitura sou eu! Eu não vou deixar de receber dinheiro institucional só porque vem de uma fonte institucional... Então eu acho que, receber recurso do Interferências Urbanas não configurava uma institucionalização (SCOVINO, 2010).

Com esse choque de discursos do mesmo artista, abre-se mais uma questão. Os indivíduos estão sujeitos a produzir discursos diferentes em contextos desiguais, por isso não há como produzir uma verdade absoluta. O que se pode identificar é um discurso consensual que se quer que fique, aquele que busca deixar como imagem do seu grupo. E é esse aspecto simbólico da vida social que pretendo abordar e refletir. O que foi encontrado nas falas dos artistas é que o que entendem por instituição é diferente do modo como a crítica o faz: logo, a definição da relação com a instituição tem grande chance de ser diferente daquela feita pelos críticos.

---

[23] Alexandre Vogler é um artista agenciado pela galeria *A Gentil Carioca*, do Rio de Janeiro, pertenceu ao extinto coletivo *Atrocidades Maravilhosas*, que, na verdade, não se constituía como grupo – eram ações no contexto público –, que atuou no Rio de Janeiro no início dos anos 2000, participando, inclusive, da exposição citada anteriormente: *Panorama da Arte Brasileira 2001*.

Visto que, em diversas exposições, deparei-me com a presença de obras realizadas por coletivos, o que era importante questionar é se não estariam os coletivos travando mais uma briga por espaço no circuito das artes, ou se eles já não teriam de fato conquistado prestígio e reconhecimento. Até mesmo o Museu de Arte do Rio (MAR) foi inaugurado em 2013 com uma exposição chamada *O Abrigo e o Terreno* em que era possível encontrar grandes obras produzidas coletivamente. Algumas por projetos e outras por coletivos de arte contemporânea. Além disso, a Escola de Artes Visuais do Parque Lage – principal escola de arte contemporânea do Rio de Janeiro – passou a colocar, no edital de chamada para exposição de alunos, já em 2013, uma cláusula que especificava que a inscrição poderia ser feita por artistas individuais ou por coletivos de arte. Esses exemplos talvez mostrem a grande aceitação e adaptação dos meios institucionais e as modificações sofridas na arte nos anos 2010. No entanto, pouco se fala dessa aceitação dos museus em relação aos coletivos que aconteceu nesse período.

Atentando-se, novamente, para o catálogo da exposição *Panorama da Arte Brasileira 2001* (RESENDE, 2001), em especial para a apresentação elaborada por Luiz Camillo Osorio para essa publicação, é possível observar como ele apontava as ações realizadas por organizações de artistas como estratégias poéticas desviantes do discurso hegemônico, destacando seu enfrentamento ao circuito de arte, assim como fizeram Daniela Labra, Ricardo Rosas e Felipe Scovino anos mais tarde. Osorio também observava como a crise gera novas formas de engajamento político, aproximando essa arte da política e da sociedade.

> De imediato, fica clara a opção de os curadores procurarem **estratégias poéticas desviantes do circuito hegemônico**. A relevância destas estratégias, buscando novos caminhos para a produção de arte, é inversamente proporcional à sua visibilidade e reverberação atuais. Independentemente da capacidade institucional de absorção de práticas artísticas não convencionais, o mercado e os meios de comunicação mantêm-se vinculados ao valor do objeto e, portanto, às formas tradicionais. Não vai aqui nenhuma crítica à qualidade da produção vinculada a estas formas, como a pintura e escultura; **chama-se, isto sim, a atenção para a necessidade de se viabilizar a experimentação com meios de difícil inserção comercial.**
> A criação recente, em várias cidades brasileiras, de organizações de artistas – Agora/capacete (RJ), Alpendre(CE), Torreão (RS), Linha Imaginária (SP) – que buscam **ampliar**

> os canais de circulação para o trabalho de arte é uma novidade bastante positiva. Ao contrário de mera adoção ou negação simplista das regras do mercado, o que estas organizações procuram é redirecioná-las, acertando certos meios e buscando outros fins. Sem dúvida, **o enfrentamento do circuito e a procura de microcircuitos retomam certos vínculos políticos que há muito haviam sido negligenciados**. Aqui poremos o foco de nossa discussão.
>
> As **tensões entre arte e sociedade, arte e política (que incluem, é claro, a relação com as instituições e o mercado) ganharam novos desdobramentos com o fim da guerra fria e com a liquefação das utopias**. Ao contrário do que se propaga, este novo contexto não representou uma despolitização da arte nem da sociedade, mas, sim, a necessidade de se reinventar **novas formas de engajamento** (OSORIO, 2001, grifo meu).

Essas caracterizações, feitas em 2001, por Osorio, pouco se diferenciam das demais críticas encontradas que abrangem a temática dos coletivos de arte em 2010-2014, mais de uma década depois. Como fez a crítica Luisa Duarte, no jornal *O Globo*, ao avaliar a exposição do *Opavivará!*, realizada, em 2013, na galeria *A Gentil Carioca*:

> Nos trabalhos dessa vertente relacional ocorre uma redução da dimensão sensível em favor da deflagração de gestos próximos ao mundo da vida. Resumindo a questão, em tempos pós-utópicos, **uma parcela da produção artística ensaia estratégias micropolíticas tendo como premissa que atuar localmente é a forma de se agir globalmente**. Ou seja, trata-se de "crer" que partindo do indivíduo ou de pequenas coletividades é possível inserir gestos de resistência ou modificação na realidade.
>
> As ações do Opavivará! se dão nesse contexto. **Este e outros coletivos engendram um flerte constante com a possibilidade de mudar o mundo a partir do solo cotidiano**. Mas, ao mesmo tempo em que aspiram a esta "utopia possível", os mesmos fazem questão de se afastar do rótulo de ativistas, ou seja, não fazendo o papel que seria do Estado na arte. Mas sim dando à arte um caráter político, público, como evoca o título da mostra, em cartaz até 1° de junho (DUARTE, 2013, grifo meu).

A relação entre arte e política é trazida por Luisa Duarte e Luiz Camillo Osorio de forma diferente da dos críticos citados anteriormente. Eles não fazem referência direta à instituição, no entanto, assim como os demais, evocam um sentido político por questões de enfrentamento, desvio, estratégias micropolíticas, ou, como o próprio Osorio descreveu, "novas formas de engajamento". Percebe-se, assim, uma visão em que os coletivos são colocados como uma possibilidade de enfrentar além do circuito artístico: tentam demonstrar que esses grupos podem impulsionar um enfrentamento além, um enfrentamento que possa mudar o mundo, politicamente. Esses são os múltiplos significados dentro de uma mesma esfera que a relação entre política e instituição pode abranger.

Arte e política: Arte experimental e "Zonas Autônomas Temporárias"

> O fim das ideologias, longe de ser o fim da história, é seu recomeço sem um quadro de referência pré-determinado. Fomos lançados diante de um horizonte indefinido, obrigados, **coletiva e individualmente, à experimentação e à liberdade** – ambas condições próprias e comuns tanto à arte como à política (OSORIO, 2001, grifo meu).
> O *Opavivará!* é um grupo que se dá a **experimentar** em público; o trabalho que fazem se desenvolve, amadurece e/ou vai se problematizando na frente de todos nós, o que me parece fundamental à sensibilidade e ao debate da arte (DINIZ *in* FURLANETO, 2012, grifo meu).

Quando se faz referência ao cunho político das ações coletivas investigadas neste livro, os críticos de arte Luiz Camilo Osorio e Clarissa Diniz, respectivamente, nas citações anteriores, também apontam a poética da performance, utilizada por muitos dos coletivos como uma ação experimental dentro do mundo da arte contemporânea, como responsável por travar esse engajamento. A experimentação no ato de desenvolver suas formas de produzirem arte cria, segundo alguns dos autores investigados, uma "Zona Autônoma Temporária" (T.A.Z., sigla em inglês). Tanto nos discursos dos críticos quanto dos artistas, é comum encontrar referências à teoria de Hakim Bey[24], que criou essa sigla e esse termo. Embora nesses textos não tenham sido encontradas as devidas referências, essa parece ter se tornado uma expressão comum e banali-

---

[24] Zona Autônoma Temporária, conhecido por sua sigla *T.A.Z.* (do inglês *Temporary Autonomous Zone*), é um dos livros escritos por Hakim Bey (pseudônimo de Peter Lamborn Wilson), em 1985. Foi traduzido e publicado no Brasil em 2001. As *Zonas Autônomas* seriam espaços de terra, de tempo ou de imaginação criados por grupos de pessoas com o intuito de estabelecer uma liberdade não hierarquizada nos tempos atuais. Criar um *T.A.Z.* significa, segundo o autor, criar algo real sobre as supostas hierarquias opressivas existentes.

zada nesse meio. No entanto, os artistas costumavam explicar a origem desse termo e a teoria de Hakim Bey quando perguntados sobre isso no trabalho etnográfico.

Nessa passagem, podem-se observar as performances do coletivo carioca *Filé de Peixe* sendo chamadas de "Zonas Autônomas Temporárias":

> Se a performance do Filé não altera as regras do mercado de arte, enfim, consegue ao menos criar uma zona autônoma e temporária. Em um enunciado tão aleatório quanto revelador, grita um dos performers: Hélio Oiticica acabou! (ROSA; VILELA, 2011).

Dentre os discursos que tocam nos aspectos políticos da arte dos coletivos, foi comum observar um discurso muito semelhante ao que foi exemplificado anteriormente. Ele se constitui de uma relação entre arte e política reverberada pela suposta crítica à instituição e também pelas ações consideradas políticas advindas das performances experimentais. No entanto, foi possível encontrar autores com propostas que passam por esse discurso consensual, mas conseguem fazer alguns deslocamentos, trazendo algo de novo. Como foi o caso de Ericson Pires, que assumiu a boa aceitação das instituições aos trabalhos dos coletivos – ao contrário das outras críticas encontradas –, e também de um artigo em que Clarissa Diniz se afastava do discurso otimista das críticas que têm acompanhado os trabalhos dos coletivos. Em 2012, Diniz publicou um artigo em que discute a arte contemporânea pautada pelas temáticas políticas a partir do trabalho do coletivo baiano *GIA*[25]. No entanto, apesar de concordar com a caracterização de arte experimental dada aos coletivos pelos críticos, faz uma grande ressalva que a faz pensar diferente de outros que tiveram suas críticas analisadas neste capítulo. A crítica destaca que a problemática da produção de subjetividade no atual sistema neoliberal é um fio condutor para entender os processos artísticos que vêm ocorrendo desde a década de 1990. Naquele período teria se iniciado o crescimento do terceiro setor, a política da responsabilidade social foi sendo adotada pelas empresas e a população passou por uma reforma moral, na qual foi levada a acreditar que cada um deve fazer sua parte por um mundo melhor, disseminando a cultura do voluntariado por causas sociais. Naquele momento, a arte também começou a se envolver

---

[25] GIA (Grupo de Intervenção Ambiental) é um grupo de artistas baianos que estão ativos desde 2002, e têm realizado alguns trabalhos em parceria com o *Opavivará!*. Assim como o coletivo carioca esse grupo realiza majoritariamente trabalhos que são performances, realizados no espaço público propondo ao público algum tipo de ação conjunta.

nas causas sociais, e a autora questiona se a utopia do possível ensaiada pelo coletivo *GIA* em suas ações performáticas – que, segundo ela, buscam as "zonas autônomas" (nessa expressão, ela mostra concordância com um discurso da crítica) – não estaria entrando em equivalência com a cultura do voluntariado por suas intenções reformistas, que não buscam, de fato, mudar o sistema, mas acabam por conservá-lo.

> Assim, será cada vez maior o número de artistas que, embasados numa concepção "relacional" de arte, transformarão suas práticas em verdadeiras relações públicas das instituições às quais, em parceria, acabam por servir. Será cada vez maior o número de trabalhos que, diante de uma realidade difícil, optarão por promover "zonas autônomas" baseadas menos em estratégias de resistência e subversão, e mais em formas de escape (DINIZ, 2014).

Clarissa Diniz destaca como o cotidiano pode ser espaço de possibilidades, mas também de conservadorismo. Crítica e utopia, ambiguidade complicada que a autora encontra no trabalho do *GIA*, devido à aproximação com a questão social.

Figura 7 – *Flutuador* (2008), obra do coletivo *GIA*

Fonte: disponível em: www.qgdogia.blogspot.com.br. Acesso em: 29 jan. 2014

Nesse ponto, enxerga-se um vínculo político menos otimista e revolucionário do que em outras críticas encontradas. Nessas demais indicadas ao longo deste capítulo, parece haver uma sensação de que na arte dos coletivos encontra-se uma nova maneira muito especial de mudar o mundo. Clarissa Diniz parece ser uma exceção quando entende que as possibilidades políticas dos coletivos podem estar se aproximando de um tipo de conservadorismo.

Os discursos e suas ressonâncias

É interessante pensar o discurso da crítica Luisa Duarte para fechar este capítulo porque foi possível encontrar falas suas a respeito dos coletivos abordando exatamente os três aspectos enfatizados nesta pesquisa sobre o discurso da crítica. A referência ao neoconcretismo (mesmo que indiretamente):

> Outro traço claro contido nessas ações é uma tentativa de retorno (pós-anos 60/70) a um sentido de trabalho coletivo, um fazer junto, um compartilhar, que durante a década de 80 e início da de 90 (boom do mercado de arte brasileiro) foi-se perdendo (DUARTE, 2014).

A problemática da experimentação mostrada em citação anterior. E também a questão dos coletivos se opondo às instituições:

> Outra posição (já veiculada em texto do mesmo Edson Barrus[26]) consiste em generalizar e colocar críticos, diretores de instituições, curadores, colecionadores, galeristas, professores acadêmicos e jornalistas especializados, todos sem exceção, num mesmo saco de inimigos, como instâncias "oficiais", necessariamente autoritárias e perniciosas. Trata se de uma redução extremamente míope. Acredito que não se pode prescindir desses agentes que, junto com os artistas (protagonistas maiores), podem enriquecer a engrenagem do circuito das artes plásticas. Tudo depende da forma como atuam. Questiono-me também se esta ênfase na crítica, no "dizer não", na necessidade de atuar "contra", não acaba por fazer com que todo o processo seja marcado por um tom mais reativo do que propositivo, no qual predomina uma tonalidade afetiva de cunho ressentido/frustrado, que por vezes resvala em um discurso agressivo (DUARTE, 2014).

---

[26] Coordenador da exposição/ação *Açúcar Invertido I e II* e do *Espaço Experimental Rés do Chão*.

Nessa última passagem, Duarte demonstra acreditar que, no discurso dos coletivos, há uma generalização das instâncias oficiais, e que existe uma necessidade de "atuar contra" todas elas. No entanto, como discutido anteriormente neste capítulo, foi possível encontrar, nos textos dessa crítica, uma definição do mesmo modo confusa do que seria essa instância e/ou instituição. Logo a acusação de que coletivos reduzem vários setores das artes a um único inimigo não foi observada nas minhas práticas de campo. Esse discurso de atuar contra as instituições foi, na verdade, encontrado de maneira recorrente nos enunciados dos próprios críticos. O que se nota é que, ambos, coletivos e crítica, confundem-se na delimitação conceitual do que é instituição. Assim, é importante perceber até que ponto o discurso de uma camada do mundo da arte interfere no discurso de outra camada. O que chamarei de retroalimentação simbólica entre crítica/curadoria e artistas/coletivos.

Se os coletivos confundem, como afirmou Duarte, os próprios críticos também o fazem, como foi mostrado anteriormente. Se pensadas essas trocas, por uma ótica interacionista simbólica, que é a base teórica desta pesquisa, talvez, então, isso faça parte das interações sociais do mundo da arte, as que engendram discursos e ordenam práticas. Coletivos e crítica, apesar de papéis isolados, estão envoltos numa mesma teia simbólica que encaminha os significados que irão permear de sentido os discursos.

O DISCURSO DOS COLETIVOS EM CAMPO

Sou um **tipo institucional**. Para mim, todas as iniciativas coletivas artísticas deviam **institucionalizar-se**, mais dia menos dia, para que deixe de ser uma conversa de amigos que se sentem especiais. Especiais a ponto de se sentirem obrigados a democratizar o próprio brilhantismo entre a patuleia boquiaberta. Sempre achei, além do mais, que fosse uma coisa meio sexy isso de underground. E como eu não sou sexy, blasé ou coisa que o valha, nunca fiz um grupo dos quais os outros quisessem fazer parte para, quem sabe, conseguirem algo dos favores de nossos corpos entupidos de nicotina, álcool e ecstasy. Falo isso com rancor, é claro. Todo mundo quer ser sexy e desejado. A não ser, é claro, que seja casto ou esteja mentindo. Ou ambos, como é justamente o caso dos castos. Enfim, como eu queria ser sexy, famoso e, quem sabe, conseguir um pouco de conforto material com isso, fundamos, em 1999, mais ou menos, um grupo chamado Olho Seco. Tínhamos em nossas fileiras, por aquela época, Ana Paula Oliveira, Dália Rosenthal, Renata Lucas, Tatiana Ferraz, Vanderlei Lopes, Wagner Morales e Wagner Malta. Outros tiveram participação em uma ou outra exposição, como Felipe Cohen, mas as decisões eram tomadas entre esses artistas. Como esse humilíssimo escrevente era parte integrante do grupo desde os seus primórdios, me ocorre que as histórias devem escolher os narradores que vão contá-las. Com poucas exceções, nas quais me incluo, todos os artistas que compunham o grupo tiveram, com suas respectivas obras, o merecido reconhecimento comercial e institucional, e hoje podem se dedicar integralmente a elas. Afinal, esse era o nosso único objetivo de programa. Inclusive abertamente declarado. O que deve ter atrasado as coisas, no final da década do retorno ao Real e todas as cafetinagens de slogans de lutas sociais no seu ocaso mais brilhante (ROCHA, 2014, grifo meu).

As ações dos coletivos de artistas, muitas das vezes performances, quando observadas, são práticas que não correspondem inteiramente ao que foi caracterizado no discurso predominante da crítica de arte discutido no capítulo anterior. Essas interpretações dos acontecimentos guardam sentidos que são os que serão deixados para a posterioridade sobre esse tipo de arte. Por isso, é preciso repensar os significados que esses pensadores atribuíram à institucionalização da arte produzida pelos coletivos nos anos 2010.

Com o que se pode observar nos relatos, como, por exemplo, o do artista do grupo *Olho Seco*[27] Rafael Campos Rocha (ROCHA, 2009) na *Revista Tatuí*, trazido na citação acima, e principalmente com o que foi visto, recorrentemente, no trabalho de campo que realizei, é possível indagar: teriam os coletivos se formado e estourado nos primeiros anos de 2010 para conseguir um lugar dentro do circuito artístico consagrado? Lugar consagrado que é visto, dentro do mundo da arte contemporânea, tanto no sentido do que Bourdieu classificaria como pertencente àqueles que detêm o capital no campo artístico, quanto no sentido da arte *mainstream* de que fala a crítica de arte Daniela Labra.

Também em relato notado na observação participante, um jovem artista iniciante no mundo artístico, recém-formado dos cursos da Escola de Artes Visuais do Parque Lage do Rio de Janeiro, afirmou ter conseguido fazer sua primeira exposição e receber remuneração, pela primeira vez com suas obras, apenas depois que entrou para um coletivo. E essa era a sua intenção ao entrar no grupo: inserir-se no mercado das artes e, principalmente, "ganhar dinheiro". Nota-se que o discurso da marginalidade em relação ao mercado e o intuito de permanecer nessa esfera não são uma premissa para esse artista, da mesma maneira que não o foi para outros artistas pesquisados.

A internet é conhecida como um importante meio de difusão e comunicação entre os coletivos brasileiros, que buscam, dessa maneira, realizar parcerias e divulgar seus trabalhos. Salvo engano, o primeiro site dessa natureza é o *CORO – Coletivos em Rede e Organizações*, que cataloga alguns dos "coletivos, iniciativas independentes, espaços autogestionados, espaços de circulação e ações continuadas, meios de difusão, agenciamento, festivais, movimentos", dentre outros. Nesse site, único encontrado no momento da pesquisa com o objetivo de aglutinar todos os coletivos brasileiros, os grupos catalogados respondem a algumas perguntas que ficam expostas, junto a

---

[27] O grupo *Olho Seco* surgiu em 2002, em São Paulo, formado por Ana Paula Oliveira, Felipe Cohen, Rafael Campos Rocha, Renata Lucas, Tatiana Ferraz, Wagner Malta Tavares e Wagner Morales. Esse grupo fundou a galeria *10,20 x 3,60*, em agosto de 2001, para expor as obras dos artistas do grupo e também de alguns convidados. Em 2003, o espaço fechou suas portas.

fotografias ou vídeos de seus trabalhos. Essas perguntas são padronizadas, e a número cinco pede aos coletivos que explicitem suas opiniões acerca de sua relação com as instituições:

> [...] Como pensam as instituições? (circuito, mercado, inserção, curadoria, crítica, museus...)
> Grupo UM: Tudo é um. Arte é um. Incluindo artes visuais, teatro, música, dança, cinema, ou o que for. O grupo pretende ter uma atuação transversal nos vários circuitos de arte existentes. Dialogar com todos e alargar compreensões. [...] (CORO, 2014).

O *Grupo UM*[28], coletivo carioca atuante desde 2003, deixa claro que busca dialogar com as instituições com o intuito de ampliar suas compreensões, e não se afastar delas. Visto isso, essa afirmação vai contra o discurso anti-institucional que a crítica disseminou ao relatar os objetivos dos coletivos.

Mas, na entrevista feita, pelo mesmo site, com o coletivo *Branco do Olho*, a resposta mostra que há alguma contradição no discurso:

> [...] 5. Qual a posição do coletivo em relação às instituições? (circuito, mercado, inserção, curadoria, crítica, museus...)
> Independência.
>
> 6. Como o coletivo se mantém e viabiliza materialmente suas ações? (tem patrocínio?, etc.).
> Via de regra, por iniciativa própria. Mas, se necessário o apoio, não se hesita em solicitar. [...] (CORO, 2014).

Nesse trecho percebe-se que há posições díspares nesse discurso. Se esses artistas se classificam como independentes das instituições, não deveriam considerar a solicitação de um patrocínio, uma vez que ele vem, comumente, de empresas ou do governo que são ambientes tidos como institucionalizados. E também por meio desse exemplo, pode-se observar que há discursos opostos sendo apresentados, da crítica e de artistas, a respeito do mesmo trabalho – o do coletivo *Branco do Olho*. Por exemplo, a crítica de arte Ana Luisa Lima, em artigo publicado em 2009, apontou que esse coletivo busca dialogar com as instituições de maneira a conquistar um sucesso econômico[29]. Enquanto isso, o próprio coletivo se autodefine independente, à sua maneira.

---

[28] O *Grupo Um* é organizado por Nadam Guerra e Domingos Guimaraens. Esse grupo já funcionou de diversas maneiras, com diferentes projetos e participação de outros artistas. Domingos Guimaraens fundou, também, o coletivo *Opavivará!* citado outras vezes ao longo deste livro.

[29] "Alguns coletivos de artistas surgiram pelo interesse meramente econômico que os ajudassem a promover seus projetos pessoais a exemplo do Branco do Olho (PE) e Bola de Fogo (SP)". LIMA, Ana. Nova Subjetividade – O esboço de uma possibilidade. **Revista Tatuí,** Recife, n. 7, 2009. Disponível em: http://issuu.com/tatui/docs/tatui_n07. Acesso em: 1 fev. 2014.

O que busco mostrar, com esses exemplos, não é uma resposta para o questionamento se os coletivos estão institucionalizados, ou não, mostrando a "realidade" por meio dos enunciados "verdadeiros" dos sujeitos analisados. O que se quer mostrar é que existem diversos discursos a respeito dessa problemática. Mesmo porque, até o significado do que é a instituição, entre esses agentes, é desigual. Então, como entender o que esse choque de discurso pode dizer, sociologicamente? É possível ajudar a compreender o que está se passando com as artes visuais produzidas no Brasil nesse período, realizando uma análise dos sentidos apregoados nesses discursos? Que mensagens esses agentes querem passar da sua realidade social ao produzirem tais discursos? E com que intuito?

A partir da análise dos dados encontrados para esta pesquisa, foi possível questionar de que maneira as produções de discurso podem regulamentar algumas práticas. Percebeu-se que, em todas as entrevistas com coletivos encontradas em publicações, havia uma pergunta sobre a sua relação com as instituições e/ou o "sistema" de arte. E, dessa maneira, esse questionamento também permeou o fazer dos coletivos. Foi observado como a inserção na instituição pode influenciar os momentos de criação, pois, para, por exemplo, fazer um trabalho de interferências urbanas, por vezes se necessita adaptar a obra a uma logística de financiamento institucional. Percebeu-se, também, como a existência de festivais ou exposições pode impulsionar a formação de um grupo. Além disso, buscarei evidenciar, no próximo capítulo, como esses discursos ocasionaram uma cisão entre esses grupos, gerando uma espécie de tipologia dos coletivos.

Algumas questões acerca do fenômeno da criação dos coletivos foram levantadas durante a elaboração desta pesquisa: afinal, o surgimento dos coletivos foi uma necessidade dos artistas, ou foi uma demanda do circuito artístico para expor os trabalhos? Talvez os coletivos do início dos anos 2000 tenham surgido por meio de um circuito marginal que realizava ações coletivas. No entanto, nos anos 2010, com a arte de coletivos já participando de exposições consagradas no mundo da arte contemporânea, os coletivos podem ter surgido para aproveitar uma oportunidade que se abriu? A produção em coletivos teria se tornado "bem vista" ou mesmo canônica?

Para essas e outras questões, serão abordadas, ao longo deste capítulo, as definições encontradas em observações participantes e em textos elaborados pelos artistas que contemplem uma caracterização dos próprios atores sociais quanto ao seu trabalho coletivo.

A institucionalização no discurso dos coletivos

> [...] Vogler: Penso que a crítica institucional é um problema da década de 1980, nos Estados Unidos, e que chegou com um atraso de uns 15, 20 anos no Brasil. Mas quando chega, ela vem um pouco mais amadurecida, ninguém foi à rua por se opor à galeria. Fomos até convidados, depois, para exposições (REZENDE; SCOVINO, 2010).

O trecho é de uma entrevista concedida pelo coletivo *Atrocidades Maravilhosas* ao crítico de arte Felipe Scovino para uma publicação intitulada *Coletivos*[30]. Na entrevista, pode se observar, também, como o artista Alexandre Vogler relata que ele e seus companheiros foram convidados para exposições em galerias, concluindo-se, então, que, nessa época, o mundo artístico já vinha aceitando esse tipo de arte. O grupo existiu, no Rio de Janeiro, de 1999 a 2002. Nesse período, iniciava-se a arte da geração do início dos anos 2000, ações coletivas que podem ter adotado um nome coletivo para expor, seguindo algumas exigências das instituições de arte.

Em outro relato, os artistas do coletivo *Atrocidades Maravilhosas* afirmam ainda:

> Ronald: É melhor você entrar no *sistema maquinal* do que ficar do lado de fora se esgoelando. Mas eu acho que todos nós, até por conta da própria formação, sabemos que ninguém é ingênuo de estar *entrando num sistema*, de colocar a cara a tapa...
> Ducha: Fazemos concessões.
> Ronald: Exatamente.
> Vogler: Porque você pode fazer um trabalho *dentro da instituição* e ter uma contundência.
> Felipe Barbosa: Se o trabalho é bom, não necessariamente a instituição estraga seu conteúdo [...] (REZENDE; SCOVINO, 2010, grifo meu).

Nessa citação, dois aspectos merecem atenção. Primeiro, percebe-se que, para esses artistas, não é necessário estar "fora" para questionar a instituição; pode-se fazer isso de "dentro". E, segundo, nota-se uma definição de instituição como um "sistema maquinal", como local que possui uma "entrada". Logo, o que vem à tona é o significado do termo instituição, como

---

[30] Ainda que estejam inseridos na publicação, os artistas do *Atrocidades Maravilhosas* insistem, em outro trecho dessa mesma entrevista, que era apenas uma ação coletiva: não se autodefiniam como um coletivo de artistas.

aquele local que torna a arte aproximada do que é industrial, mais próxima do mercado econômico. O que é interessante observar é o sentido distinto daqueles atribuídos pela crítica ao mesmo termo.

Assim, percebe-se que os coletivos podem ser pensados, tanto como sendo ou não institucionalizados ou estando ou não dentro da instituição. Os significados dessas atribuições parecem estar carregados de sentidos. Coletivos e crítica apontam os seus, sem entrar num consenso quanto à definição da relação dos coletivos com as instituições.

Pensando na questão de enfrentar a instituição de dentro dela, percebe-se que esse discurso é recorrente entre os artistas dos coletivos e parece ser algo como um discurso de "defesa". O que se pode depreender das mensagens propagadas por muitos dos coletivos de arte é: "não somos totalmente marginais, no entanto, estamos questionando este sistema de arte daqui de dentro".

O coletivo *Filé de Peixe* é um dos, entre os pesquisados, que mais tiveram o intuito de passar essa mensagem abertamente. Para seus integrantes, suas obras estão sempre questionando o sistema de arte, porém por dentro dele. Dois exemplos de seus trabalhos podem mostrar esse objetivo: o *Piratão* e o *Cm² de arte contemporânea*. No *Piratão*, há uma ação em que se vendem cópias pirateadas de videoartes e vídeos de artistas chamados contemporâneos. Com preços similares aos dos camelôs de rua: um DVD custa R$ 5,00 e três custam R$ 10,00. Nessa ação, o coletivo monta um varal expondo alguns dos exemplares e vende apenas em eventos de arte, seja dentro de uma galeria ou nas ruas. Muito se elogia, dentro da comunidade artística carioca, a intenção de democratizar a arte proposta pelo *Filé de Peixe* e também de questionar o sistema "elitista" de arte. O coletivo já lançou um catálogo comemorativo dos cinco anos de trabalho e também um pequeno documentário das suas ações. Em ambos, os comentários de críticos, especialistas e público seguem apoiando veementemente a iniciativa e afirmando o discurso citado acima.

No outro trabalho do coletivo, *Cm² de arte contemporânea*, segundo os artistas integrantes, também haveria o desejo de colocar em xeque o sistema de arte por meio de uma ironia: a montagem de uma coleção na qual as obras tinham apenas um centímetro quadrado (cm²), e eram vendidas pelo valor desse cm², que foi calculado mediante uma fórmula criada pelo próprio coletivo para contabilizar o valor médio de mercado das obras dos artistas que participaram desse trabalho. O coletivo participou da Feira Artigo, realizada em 2012, vendendo esses centímetros quadrados de obras. A Feira Artigo foi lançada com uma proposta diferente da ArtRio. Essa feira buscava atrair novos colecionadores e oferecia, por isso, obras mais baratas. Em *Cm² de arte contemporânea,* havia obras de artistas consagrados, como Cildo Meireles, que custavam R$ 45,90, e também de jovens artistas, como Alê Souto, que custavam R$ 0,54. Muito se comentou sobre esse trabalho, nas redes sociais e também em duas colunas de Francisco Bosco no jornal *O Globo*. Em sua coluna, Bosco criticou a obra, afirmando que aqueles artistas estariam tratando a arte apenas como mercadoria. No entanto, como resposta, em sua página na rede social de internet Facebook, os artistas relataram que se tratava de uma ironia que buscava, justamente, questionar a arte como mercadoria. Segundo eles, o colunista não havia compreendido o sentido do trabalho[31].

Figura 8 – Foto da performance *Piratão* do coletivo *Filé de Peixe* no centro do Rio de Janeiro

Disponível em: http://coletivofiledepeixe.com/piratao/piratao-09-camelodromo/#jp-carousel 971. Acesso em: 12 fev. 2014

[31] Página na rede social Facebook do Coletivo Filé de Peixe, disponível em: https://www.facebook.com/ColetivoFileDePeixe?fref=ts. Acesso em: 7 fev. 2014

Figura 9 – Foto das obras do trabalho *Cm²de arte contemporânea* do coletivo *Filé de Peixe*

Disponível em: http://coletivofiledepeixe.com/cm%C2%B2-arte-contemporanea/coletivofile-de-peixe-cm2-arte-contemporanea-7-baixa/. Acesso em: 12 fev. 2014

Além dos coletivos que acreditam estar criticando a instituição de dentro dela, há também os que realizam ações fora de museus e galerias para criticá-la, mas, no fim das contas, acabam por expor essas críticas dentro da própria instituição. Um bom exemplo sobre uma instituição que incorpora uma crítica feita a si mesma é a Bienal de São Paulo. O caso mais conhecido dos anos 2010 é o dos pichadores que, após invadirem o andar vazio da edição de 2008 e picharem suas paredes, foram convidados, na edição de 2010, a exporem os vídeos, fotos e outros registros daquela invasão. O trabalho que esteve na Bienal de 2010 se chamou *Pixação SP* e contou com três dos 40 pichadores da invasão de 2008. A única jovem presa no incidente de 2008 não estava entre esses três.

Houve, também, um caso de incorporação de um coletivo de artistas paulistas pela Bienal. Na oportunidade de realizar uma observação de campo no fim de semana de encerramento da Bienal de 2010, consegui aprender um pouco mais sobre as experiências de um coletivo que estava expondo, naquela edição, uma crítica à edição anterior. Dentro da Bienal, no trabalho *Longe daqui, Aqui mesmo*, dos artistas Marilá Dardot e Fabio Moraes, havia uma espécie de labirinto, com paredes de tijolos, dando uma impressão de casa sendo construída, com outras paredes de painéis com capas de livros que formavam caminhos que levavam, todos, a uma sala central, com vários exemplares de livros e cadeiras para as pessoas se sentarem, onde estava a obra do coletivo *OcupeaCidade*. Nessa sala, havia livros de literatura, como um exemplar gigante de *O Pequeno Príncipe*, e livros de artistas, como o do coletivo citado. Esse livro é resultado do Projeto Residual de uma residência artística, chamada "Obras em construção", desenvolvido na Casa das Caldeiras, em São Paulo, do qual o coletivo participou. Dentro daquele exemplar feito pelo coletivo, estavam colagens, frases soltas, estênceis, pinturas. E também um encarte com o mapa da Bienal anterior, que contava com um estêncil de um dálmata e o carimbo do *OcupeaCidade*. Sebastião Neto, um dos artistas do grupo, relatou que aquela havia sido uma intervenção do coletivo: na edição anterior, eles recolheram um grande número de encartes da Bienal, fizeram o estêncil e colocaram de volta, sem que a produção percebesse. Logo, alguns visitantes eram surpreendidos com o estêncil, e isso acabou tomando uma grande proporção: as pessoas queriam achar o encarte "premiado" quando iam visitar o evento.

Esse exemplo torna mais clara a percepção de que a crítica de um ano pode se tornar a obra no próximo. Pois as instituições passam a incorporar mesmo aquelas obras que as criticavam em ocasiões anteriores. Esses fatos só ajudam a entender o gosto pela marginalidade adquirido pela crítica de arte, abordado no Capítulo 2. E também de alguma maneira ajuda a pensar como esse processo no caso dos coletivos é o microcosmo de uma mesma situação que acontece em escala maior no mundo da arte. O que já foi marginal ou considerado *outsider* em seguida é incorporado como a arte canônica e institucionalizada. Esse processo aconteceu em outros momentos da história da arte como por exemplo nos movimentos de vanguarda expressionistas e impressionistas que em seguida se institucionalizaram enquanto Arte Moderna ganhando a notável difusão de museus de arte moderna.

Voltando à esfera dos coletivos, no caderno de cultura do principal periódico da cidade do Rio de Janeiro, o jornal *O Globo*, é possível encontrar a divulgação de eventos e exposições dos quais alguns coletivos cariocas participam. No entanto, com o tempo, foi fácil perceber aqueles que apareciam com maior frequência. O coletivo *Opavivará!* e o coletivo *Filé de Peixe* estavam entre eles[32]. Os dois grupos mantinham contato, principalmente,

---

[32] Sei que a ocorrência da grande divulgação dos eventos desses coletivos pode estar relacionada também à origem social de seus integrantes. Alguns aspectos encontrados em campo, tais como filiações, relações com galeristas e interações em círculos sociais, foram importantes para a cogitação dessa relação. Essas observações complementaram a investigação, mas não foram a questão central da pesquisa deste livro.

com a Escola de Artes Visuais do Parque Lage, que é financiada em parte pelo governo Estadual (coletivo *Filé de Peixe*), e também com a galeria *Studio X* (coletivo *Opavivará!*), patrocinada pela Prefeitura do Rio de Janeiro.

Por mais que ocorresse, com recorrência, a divulgação dessas performances no periódico citado, certa vez, no fim de 2011, em debate entre o *DUS Architects* e o coletivo *Opavivará!*, na galeria *Studio X*, comentei com um dos integrantes do grupo o quanto o *Opavivará!* estava sempre presente no "Segundo Caderno" – caderno de cultura do jornal O Globo – que o público poderia tomar conhecimento dos eventos do coletivo por esse meio. No entanto, em resposta, obtive um misto de surpresa e dúvida de um dos integrantes desse mesmo coletivo. Percebe-se que, apesar de parecer óbvia a presença do grupo no jornal, para aquele integrante, a relação que estabeleci não soava como um ponto positivo. O que se pode supor é que, pelo fato de o jornal ser visto, entre muitos artistas, como um veículo midiático manipulador de informação, essa correlação não era bem vista naquele meio.

Devido a essa grande divulgação de eventos e à recorrência com que eles aconteciam, foram possíveis outras observações das dinâmicas das ações desses grupos na cidade do Rio de Janeiro para elaborar a minha discussão. Os coletivos *Opavivará!* e *Filé de Peixe* trabalhavam com poéticas distintas, recebiam patrocínio, mas realizavam algumas ações financiadas e outras não. Eles mostravam que existem diferentes maneiras de lidar com as instituições, e que, na prática, a preocupação com a marginalidade não passa despercebida, pois têm uma posição pronta, um discurso para explicar suas práticas e suas relações e intenções com os meios artístico e político.

A expansão do mundo da arte no Rio de Janeiro e os coletivos dentro desse percurso

Entre o início dos anos 2000, quando o *Atrocidades Maravilhosas* atuou significativamente, e os anos 2010-2014, quando o coletivo *Filé de Peixe* e o *Opavivará!* despontam, há uma transformação das configurações entre artistas e instituições, no que tange aos coletivos. Se, no início, havia uma presença tímida de coletivos em exposições em instituições de arte, no segundo período eles já estavam participando ativamente do mundo da arte contemporânea, fazendo parte de várias mostras em vários setores.

No início dos anos 2000, a exposição *Panorama da Arte Brasileira 2001* concatenou alguns grupos que então começaram a ser chamados de coletivos. Dentre eles, o coletivo carioca escolhido para compor a exposição foi o

Atrocidades Maravilhosas. Entre os integrantes desse coletivo, estava o grupo *HAPAX*, que permanece em atividade, embora o *Atrocidades Maravilhosas* tenha se dissolvido. Do *Atrocidades Maravilhosas* saíram integrantes que hoje compõem uma leva de artistas reconhecidos e agenciados por galerias consagradas. Como Alexandre Vogler, Guga Ferraz e Ronald Duarte. Agenciados, os dois primeiros pela galeria *A Gentil Carioca* e o último pela galeria *Progetti*. Essa mesma galeria agenciou também um grupo que surgiu naquela mesma época, o *Chelpa Ferro*, que, ao contrário dos outros, era formado por artistas plásticos já estabelecidos, que criaram o grupo com um intuito criativo. Pois, como se percebe, os coletivos se formam, em sua maioria, com artistas em início de carreira e que, de acordo com os dados levantados, ainda não possuem um reconhecimento individual no mundo da arte contemporânea.

Alguns dos artistas que também participavam do *Atrocidades Maravilhosas*[33] idealizaram, ao longo do ano de 2001, semanalmente, o *Projeto Zona Franca de Artes Visuais,* evento independente, apontado como propositor de uma arte experimental em um espaço autônomo e autogestionado em que artistas produziam.

Edson Barros, que ajudou a organizar o *Projeto Zona Franca*, idealizou também o *Espaço de Autonomia Experimental Rés do Chão*, de 2002 a 2005. Localizado num apartamento no centro do Rio de Janeiro, na residência do artista, o *Rés do Chão* era, segundo sua descrição, um lugar destinado à experimentação. A produção dos eventos ali promovidos não obedecia a um regulamento pré-estabelecido. O local funcionou como um estabelecimento artístico e não comercial. Era também um centro de debates, onde foi criada a *Revista Nós Contemporâneos*.

Esses eventos, ainda com formatos indefinidos, soaram como uma novidade significativa para o meio artístico. Em seguida, os produtores do *Zona Franca* foram patrocinados pela Prefeitura do Rio de Janeiro e criaram o evento *Alfândega*. Edson Barros ainda realizou, na Funarte, do Rio de Janeiro, em 2002, um evento de arte experimental que durou 40 dias – o *Açúcar Invertido* –, que, posteriormente, teve outras edições, inclusive uma em Nova York, em 2004, quando o evento foi selecionado para o programa *As a Satellite*, pela The American Society – Nova York (apoiada pela Fundação Andy Warhol) –, como representante da América Latina.

Percebe-se, assim, que o contexto dos coletivos do início dos anos 2000 foi permeado por ações caracterizadas como independentes, inicialmente, mas que, em seguida, começaram a ser apoiadas por algumas instituições de arte.

---

[33] Aimberê César, Adriano Melhen, Alexandre Vogler, Edson Barrus, Guga Ferraz e Roosivelt Pinheiro.

No Rio de Janeiro dos primeiros anos da década de 2010, se pensado o aumento da quantidade de instituições culturais, como o MAR, a feira de arte contemporânea internacional ArtRio e a Casa Daros[34], o mundo da arte contemporânea se ampliou de modo significativo. Desde 2011, o Rio de Janeiro hospeda, praticamente anualmente devido à pandemia, a ArtRio (Feira internacional de Arte Contemporânea). Esse evento, mais do que voltado para os colecionadores de arte, tornou-se um acontecimento cultural anual da cidade, atraindo um público maior do que o esperado nas suas duas primeiras edições, acabando por restringir a capacidade de público na edição de 2013, devido ao grande afluxo de espectadores.

Em 2011, em sua primeira edição, podia-se notar que se tratava de um evento de luxo. Não coincidentemente, grandes valores foram negociados em arte. Na reportagem "ArtRio registra volume de negócios acima do esperado" do *Estadão* de 13 de setembro de 2013, Elisangela Valadares organizadora do evento contou:

> Os negócios fechados ficaram em R$ 120 milhões, quando a expectativa inicial era de modestos R$ 50 milhões. Nas primeiras 24 horas, foram R$ 60 milhões. A frequência (46 mil visitantes) também fora subestimada, assim como a média de permanência. [...] No primeiro dia, um colecionador ficou de 11h às 18h30 só no primeiro galpão [...]A gente já começou com um resultado que só esperava para 2013 (VALADARES *in Agência Estadão*, 2013).

Galerias nacionais e internacionais expunham suas obras com altos valores. Mas, no evento de arte mais esperado e divulgado no ano de 2011, na cidade do Rio de Janeiro, havia, também, trabalhos de coletivos. Esse paralelo entre luxo e artefatos mais simples pode ser metaforizado pela torneira simples de canto de parede, localizada na altura dos joelhos das pessoas: um equipamento que, normalmente, é utilizado para encher baldes e lavar pés, estava dentro do espaço de uma galeria e, quando aberto, jorrava *champanhe*.

Nessa edição, o coletivo *Opavivará!* estava presente com a obra e performance *Self service Pajé*, onde havia uma estrutura com água quente, ervas e copos para que o público fizesse seus próprios chás. O coletivo também estava expondo suas cadeiras de praia triplas, a *Espreguiçadeira Multi*, que foram colocadas na área externa do evento, onde o público podia sentar e desfrutar do conforto da obra.

---

[34] A Casa Daros, do Rio de Janeiro, inaugurada em março de 2013 e fechada em dezembro de 2015, era filiada à instituição Daros Latinamerica, que possui uma coleção dedicada à arte contemporânea da América latina, com sede em Zurique, na Suíça.

Nas edições de 2012 e 2013, o número de coletivos participantes só aumentou. O *Opavivará!* participou de todas as edições. Na primeira, era representado pela galeria *Toulouse Arte Contemporânea*, na segunda participou como um "solo project", sem galeria, apresentando a intervenção *NaMoita*, e, em 2013, havia uma obra sua exposta no estande da galeria *A Gentil Carioca*. A galeria *TAC* (*Toulouse Arte Contemporânea*) só participou da primeira edição; não foi selecionada para as demais.

Figura 10 – Obra *Self-service Pajé* do coletivo *Opavivará!* na ArtRio 2011

Disponível em: http://opavivara.com.br/p/ssp/ssp. Acesso em: 11 fev. 2014

Figura 11 – Obra *NaMoita* do coletivo *Opavivará!* na ArtRio 2012

Disponível em: http://opavivara.com.br/p/nm/namoita-artrio. Acesso em: 12 fev. 2014

Figuras 12 e 13 – Fotos de obra exposta do coletivo *Opavivará!* no estande da galeria *A Gentil Carioca* na ArtRio 2013

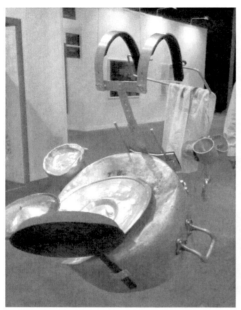

Fonte: fotografias do acervo pessoal de pesquisa de campo

Em 2013, havia 13 coletivos participando da ArtRio, alguns expondo as obras que estavam sendo vendidas e outros apenas vendendo por meio de catálogos. Ao conversar com os galeristas, um deles apontou para as fotos das obras do *Coletivo Moleculagem* e disse: "6, 10, 12!" (mil reais, era o valor das obras). O Coletivo *Chelpa Ferro* tinha obra sendo vendida em três galeria diferentes: *Mul.ti.plo Espaço Arte, Progetti e Vermelho.*

Em paralelo à ArtRio, nas edições de 2011 e 2013, a mesma organização promoveu a ArtRua, com a proposta de expor obras de arte urbana. Foram apresentados trabalhos de artistas em grafite e de alguns coletivos. Em 2012, não houve a ArtRua. É interessante observar que, na edição de 2011, havia mais coletivos na ArtRua do que na ArtRio; no entanto, em 2013, de acordo com as listas de artistas presentes nos sites havia mais coletivos na ArtRio do que na ArtRua. O *Coletivo Muda*, por exemplo, que cria painéis com azulejos em desenhos geométricos nas ruas da cidade do Rio de Janeiro, estava, em 2011, participando do ArtRua, e, em 2013, estava expondo na ArtRio. Uma obra desse coletivo estava sendo exposta no espaço da galeria *Lurixs Arte Contemporânea*, junto a obras de Lygia Clark e Hélio Oiticica, no último pavilhão, onde estavam concentradas as galerias internacionais e nacionais com as obras mais caras. Uma demonstração do ponto a que chegou o prestígio dos coletivos.

Figura 14 – Obra exposta na ArtRio 2013, do *Coletivo Muda*, no estante da *Lurixs Arte Contemporânea*

Fonte: fotografia do acervo pessoal do trabalho de campo da pesquisa

Em março de 2013, foi inaugurado o MAR, a primeira obra cultural concluída dentro do projeto Porto Maravilha, do Rio de Janeiro. Na inauguração, a exposição temporária mais comentada se chamava *O Abrigo e o Terreno* e contava com trabalhos coletivos do *Dulcinéia Catadora*, do *Morrinho*, do *E/Ou*, do *Opavivará!* e do *Coletivo Usina*. Dentro dessa exposição, *Poética do Dissenso* foi uma instalação coletiva de coletivos: *Esqueleto Coletivo*,

Frente 3 de fevereiro, *Coletivo Elefante*, *Catadores de histórias* e *Coletivo Bijari* eram os coletivos responsáveis pelas produções expostas nessa instalação, que consistia numa perspectiva da experiência artística ocorrida na Ocupação Prestes Maia, entre 2003 e 2007, onde centenas de artistas e coletivos de arte se juntaram ao movimento de resistência dos sem teto, presentes naquela ocupação da cidade de São Paulo, onde chegaram a morar

468 famílias. Portanto, o que se pretendeu mostrar aqui foi a presença significativa dos coletivos nos dois maiores marcos institucionais da arte contemporânea carioca nos primeiros anos de 2010: a ArtRio e o MAR.

Surgimento/funcionamento

No decorrer de minha pesquisa, pude constatar que os coletivos de artistas se formam de diversas maneiras, e seu funcionamento pode se dar de distintos modos também. O que se notou é que não se pode tomar o discurso da crítica como uma realidade para esse mundo da arte contemporânea.

Em 2011, em um dos eventos artísticos cariocas, encontrava-se Felipe Felizardo, fotógrafo, estudante da Escola de Artes Visuais do Parque Lage. Felizardo relatou que fazia quatro meses que o coletivo do qual participava – *Jardins da Babilônia* – tinha sido montado. O artista declarou, em conversa informal, que entrou no coletivo para conseguir espaço de trabalho e também para ganhar dinheiro com sua obra – o que, de fato, começava a acontecer. O coletivo estava com duas exposições em cartaz. Bruno Lima, um dos fundadores do *Jardins da Babilônia*, contou que o grupo começou com quatro integrantes. Felizardo entrou recentemente, junto aos demais artistas do Parque Lage (a Escola de Artes Visuais), que foram convidados. Segundo Bruno, o coletivo reúne trabalhos individuais e também trabalhos elaborados por alguns artistas juntos. Logo, destacou a troca como algo fundamental dentro do grupo: todos possuem poéticas muito distintas, porém têm algo em comum. Pode-se notar, então, que o funcionamento da criação artística desse grupo se diferencia de outros anteriormente citados, como o *Opavivará!*, que realiza todas as suas obras coletivamente, ou do *Atrocidades Maravilhosas*, no qual cada artista pensava o seu trabalho individualmente.

Os coletivos de grafite também ganhavam cada vez mais espaço nesse meio. Certa vez, durante o Festival de Cultura Digital, que ocorreu no Circo Voador, encontrei um artista chamado Careca, integrante do *Coletivo Urbanoide* e da agência de São Paulo *Move*. Ele havia sido convidado, pelos organizadores do evento, para fazer uma instalação, uma *live painting*, enquanto o Vj Bernardo Marques faria uma projeção em cima de seu desenho. Careca relatou uma interessante conversa que teve com um artista plástico, que lhe disse como admirava a criação compartilhada do grafite, pois um desenho sempre é complementado por um desenho de um amigo. Já nas artes plásticas, é difícil isso acontecer: cada um faz o seu e os autores podem até se juntar em um coletivo, mas os trabalhos são individuais. De fato, não é comum a pintura por muitas mãos. Quando há um coletivo de artistas plásticos, os artistas pintam suas obras individualmente. As criações em conjunto costumam ser performances, instalações e objetos.

Careca dissertou sobre seu entendimento de que cada coletivo tem sua identidade, e que, no grafite, existem muitos coletivos. Para ele, é muito comum pintarem juntos, há mais oportunidade e isso acabou se tornando praxe. Nota-se que também no grafite há quem acredite que há mais oportunidades para um coletivo iniciante do que para um artista sozinho. Quando perguntado sobre a identidade de seu coletivo, ele respondeu que o *Urbanoide* é muito urbano, pensa muito acerca do espaço público. Fiquei me perguntando quantos coletivos de grafite não devem permear essa mesma "identidade". Pois esse parece também ser um discurso recorrente nas falas dos artistas de grafite.

Na *Poiésis* n.º 13, a Revista do Programa de Pós-Graduação em Ciência da Arte da UFF, o coletivo *Imaginário Periférico* concedeu uma entrevista em que relacionou suas práticas de funcionamento à discussão da institucionalização:

> [...] 6 – Poiésis: O Imaginário Periférico se utiliza frequentemente do modelo "exposição". Essa não seria uma postura conservadora, que enfraqueceria as intenções políticas do grupo?
>
> Ronald Duarte – Já fizemos feiras, circos, passeatas, e quase sempre é cada um com o seu trabalho, e culminando, sim, em uma exposição. É a maneira que sempre aconteceu. Pode ser que aconteça de maneira diferente, mas isso não enfraquece nenhuma intenção, seja ela política ou mesmo estética.
>
> Helio Branco – Somos artistas visuais com bastante experiência em exposições difíceis. Seria tolo abrir mão desse modelo. Ele é bom para que não fiquemos nos demorando em pedagogias da arte quase sempre desnecessárias. A proposta do grupo, o desafio em realizar obras para lugares não artísticos, não é uma exigência. Alguns artistas participam apenas comparecendo e compartilhando o momento.
>
> [...]8 – Poiésis: Há algumas décadas, e em diferentes partes do mundo, os artistas têm procurado enfrentar as instituições de arte de maneira a reter algum controle sobre suas obras e sobre as relações que se estabelecem a partir dessas obras em circulação. Essa preocupação permeia as reflexões, ações e projetos do Imaginário Periférico?

Ronald Duarte – Não. O Imaginário Periférico tenta, há algum tempo, dialogar de forma saudável com as instituições de arte, o que já conseguimos algumas vezes. Mas não temos preocupação alguma em sermos ou não capturados pelo sistema. Somos todos independentes e livres para qualquer tipo de acordo institucional. Mas ninguém é o Imaginário. Cada um responde por si. O Imaginário Periférico é impegável, é impossível de se capturar.

[...]12 – Poiésis: O que o núcleo do Imaginário espera dessas adesões flutuantes de novos artistas? O que, na avaliação de vocês, esses artistas que se aproximam por convocatória esperam do Imaginário?

Ronald Duarte – O Imaginário Periférico não está interessado em ganhar ou perder nada. As adesões são voluntárias e os desligamentos

também. Penso que os artistas se aproximam do Imaginário Periférico porque querem encontrar seus pares, seus iguais e assim trocar experiências e conhecer mais. E, claro, ser vistos, ter público e, sem dúvida, principalmente, mostrar seu trabalho.

Jorge Duarte – O Imaginário Periférico destaca-se como uma atividade diferenciada dentro das diversas atividades que uma carreira normalmente leva um artista a exercer. Tornei-me produtor de alguns eventos, participei da maioria que fizemos e isso se soma ao meu currículo. Mais importante do que isso tem sido a troca permanente de ideias com os integrantes do grupo, consolidando não só longas amizades, mas, também, abrindo novas oportunidades de relacionamento, influindo na formação de todos nós como artistas, intelectuais e indivíduos. Quanto à minha produção individual, creio que pensar em obras endereçadas a determinados eventos nossos tem servido para eu criar coisas que talvez não fizesse espontaneamente – desvio de rota que, aliás, gosto de fazer quando me convidam para coletivas temáticas, por exemplo. [...] (RIBEIRO *et al.*, 2009).

Nessa entrevista, pode-se entender qual é a dinâmica desse coletivo, que funciona muito como um lugar de oportunidade e passagem. Certa vez, pude conversar com Karla Gravina, artista plástica que realiza, majoritariamente, trabalhos em gravura, e que também participava, por vezes, do *Imaginário Periférico*, quando se inscrevia nas convocatórias que o coletivo disponibilizava. Ou seja, ela não se sentia, certamente, parte integrante do grupo, no entanto, participava de algumas exposições. Pode-se notar, assim, outra dinâmica de funcionamento dos coletivos. Já foi explicitado que, no trabalho de campo, foi possível perceber coletivos que possuíam diferentes formas de se constituir enquanto grupo, tal como aquele em que os artistas se juntam para elaborar uma única obra, ou aquele em que cada artista realiza sua obra e se reúne para expor, ou também aqueles coletivos em que as duas dinâmicas acontecem. O *Imaginário Periférico* é um grupo em que cada artista realiza sua obra, no entanto, a cada exposição, o grupo apresenta uma formação. Essa formação se concretiza após uma convocatória por meio de uma rede de e-mails. Seus integrantes possuem uma trajetória individual no mundo da arte e utilizam o coletivo como plataforma para realização de exposições.

Na primeira pergunta da entrevista com o *Imaginário Periférico*, expressa na citação anterior, parece que o coletivo se divide em propostas marginais, como expor seus trabalhos em lugares não artísticos, e entre as conhecidas exposições em galerias e museus. Ou seja, estar fora das instituições é uma proposta, mas não é uma exigência, como bem explicitou Hélio Branco. Mais adiante, Ronald Duarte é enfático ao afirmar sua posição, e a do coletivo, de ter um diálogo saudável com as instituições, relatando não ter medo de fazer parte desse sistema que é o mercado de arte. Em seguida, Ronald entende que muitos artistas querem, principalmente, além de estabelecer trocas com os artistas mais consagrados, conquistar um espaço para mostrar seu trabalho. Dessa maneira, pode-se entender que muitos coletivos se formaram para entrar no mercado consagrado de arte e, assim, conseguir reconhecimento e, logo, remuneração. Já a fala do artista Jorge Duarte pode servir como pano de fundo para a inquietação acerca da institucionalização alterar os modos de criação. Pois, por vezes, os artistas, ao entrarem em coletivos, acabam por adaptar suas criações às temáticas do grupo.

A autoria

A questão da autoria entre os coletivos é também vista como um assunto que desencadeia vários questionamentos sociológicos. Pois há um discurso compartilhado de que, ao adotarem um nome coletivo, os artistas estão negando suas individualidades. No entanto, pode-se pensar que essa questão autoral coletiva pode ser apenas uma transformação das regras vigentes, e não uma rejeição da autoria. A hipótese de Fernanda Lima (LIMA, 2013) pode servir para entender esse questionamento, pois, para ela, existe a intenção de um gesto único, imprescindível dentro das performances realizadas pelos coletivos, que representaria uma autoria supostamente negada. Ao adotar nomes coletivos, a autoria que se pretende ser negada pode estar se manifestando na busca pelo gesto único da performance. Lembrando que grande parte dos coletivos tem como principal processo artístico a arte performance.

Um integrante do coletivo *Filé de Peixe*, certa vez, em um *workshop* de fotografia analógica em que pude realizar observação participante, dissertou sobre a questão de registrar, ou seja, materializar, com fotos ou vídeos, as ações do grupo, para legitimá-las. Ele afirmou que, particularmente, não estava preocupado em levar sua obra para um museu e sim em realizar suas ações independentemente. Esse discurso se repetiu inúmeras vezes entre os artistas de performances: "não estamos registrando para legitimar nossas ações". Mas, ao contrário do discurso, estavam registrando, sim. E, posteriormente, esses registros iam para exposições. Ou seja, ações que nascem com o intuito de realização no espaço público são materializadas e, em seguida, expostas em espaços privados, deixando clara a autoria do coletivo. Em um evento artístico chamado Festival Arte Performance, que aconteceu no Museu de Arte Moderna do Rio de Janeiro, em 2011, onde também pude realizar meu trabalho etnográfico, havia um aparelho em que oito pessoas controlavam uma agulha, quatro dando sua direção e quatro dando suas cores. Nessa ocasião, me amarraram na cintura uma corda que, de acordo com o meu movimento, movia a agulha para a direita e para a esquerda. Assim, eu e os outros sete participantes daquela intervenção fomos pintando um quadro coletivo. Um homem instruía as pessoas a utilizar a máquina, e eu perguntei se foi ele quem idealizou aquela máquina. Ele respondeu que sim, com a ajuda de algumas pessoas. Depois, uma mulher quis conversar sobre as intenções do artista ali. Porém, ele, mais uma vez, fugia do argumento de que tinha inventado o aparelho sozinho. Percebi como se tornava uma constante a questão implícita de negar a individualidade da criação da obra. Há, também, o questionamento quanto ao registro fotográfico ou videográfico que se faz das performances. Essa seria uma maneira de torná-la um produto, algo que pode ser reproduzido e exposto como arte, um resquício de materialização na era da desmaterialização. Esses artistas estariam se apropriando de algo que estava solto no mundo, assinando uma performance que foi realizada nas ruas e não haveria como acoplar uma identificação da obra naquele momento. Até porque a única intenção do coletivo, no decorrer da performance de rua, é executar a sua proposta, pura e simplesmente, sem muitas explicações para o público. Afinal, nem todo mundo está familiarizado com a arte dos coletivos.

No entanto, no momento seguinte, em que algo incapturável se torna materializado, pode-se, então, assinar a autoria, mesmo que coletiva, daquela obra. Nenhuma das performances das quais participei deixou de ser filmada ou fotografada em algum momento. Em alguns casos, fotos eram enviadas instantaneamente para a internet. É nesse momento, e também quando o material chega aos espaços expositivos, que se valoriza a identificação da autoria da obra. As páginas nas redes sociais, como o Facebook, por exemplo, dos coletivos *Opavivará!* e *Filé de Peixe* foram sempre atualizadas com os registros das performances realizadas por esses grupos.

A relação com o público

Tanto entre críticos de arte quanto entre os artistas investigados, notou-se um consenso quanto ao papel dos coletivos de expandir os horizontes do público e democratizar a arte. Pois as ações como as que serão descritas mais adiante têm como propósito declarado uma maior interação com o público, uma "aproximação entre arte e vida" que já vem sendo propagada nas artes desde o início da arte contemporânea. Em seguida, tentarei explicitar algumas interpretações trazidas do trabalho de campo quando participei principalmente como público nas ações propostas pelos coletivos. Foi meu objetivo tentar entender de que maneira se dava essa relação entre os coletivos e seu público, e quais eram as propostas dos grupos investigados.

Tive a oportunidade de participar, como público, em algumas ações do coletivo *Filé de Peixe*. Conversando com Alex Topini, um dos artistas integrantes, quando estive no *Cine Lage especial Filé de Peixe* em 2014, na Escola de Artes Visuais do Parque Lage, onde seria lançado um catálogo comemorativo de cinco anos da ação *Piratão*, ele quis saber como eu havia tomado conhecimento do evento. Expliquei que havia sido via internet, pela rede social Facebook. Pelo que foi possível notar, os artistas desse coletivo sempre se interessavam em saber como as pessoas foram participar de suas ações. Essa era uma pergunta frequente que se ouvia, principalmente nos dois *workshops* que também fiz, com o grupo, no ateliê *Peixada Arte Contemporânea*. O coletivo *Filé de Peixe* existe desde 2006, fazendo, sempre, trabalhos envolvendo vídeos. E ofereceu também durante algum tempo *workshops* de fotografia para o público. No primeiro destes do qual participei, não havia nenhum tipo de apoio externo ao grupo. Já para o segundo, o coletivo recebeu financiamento da Funarte, como um dos selecionados, em edital, para a 9.ª edição do programa Rede Nacional Artes Visuais. A mostra de vídeo citada, realizada no Parque Lage, contou com dois documentários sobre o trabalho do *Filé de Peixe* que, principalmente, mostraram a obra *Piratão*, e também três filmes experimentais, videoartes produzidas pelo coletivo. Nos documentários, apareciam vários elogios ao trabalho do grupo, todos destacando os aspectos de democratização da arte presentes em suas performances.

Também com o coletivo *Opavivará!* foi possível participar, como público, de algumas de suas ações desde o início de minha pesquisa, em 2011. Dentro da instalação *NaMoita*, realizada, pelo coletivo, em diferentes eventos, havia, sempre, uma churrasqueira na qual as pessoas poderiam colocar legumes e outros alimentos expostos para cozinhar e comer. Havia, também, *coolers* onde gelavam bebidas que as pessoas poderiam se servir. Em volta, ficavam as *Espreguiçadeiras Multi*, as cadeiras de praia triplas criadas pelo coletivo e citadas anteriormente neste trabalho, e que pude encontrar na ArtRio e também em outras ações do coletivo.

Compareci, também, aos eventos do *Opavivará!* na Praça Tiradentes, onde estava o projeto *Opavivará! Ao Vivo!*: uma intervenção urbana que ocorreu de 14 de maio a 9 de junho de 2012. Nessa ação, também foi montada uma cozinha coletiva. Havia uma grande mesa onde se preparavam os ingredientes, um forno e fogão a lenha, bebedouros, pias para limpeza e também as *Espreguiçadeiras Multi*.

Dessa vez, foi muito diferente. A população de rua era a maioria do público no dia em que acompanhei a ação *Opavivará! Ao Vivo!*. Havia uma protagonista em toda aquela dinâmica, uma travesti que falava muito e o tempo todo, dissertava sobre sua vida pessoal, sobre sua sexualidade e como havia começado a se prostituir. Todas as pessoas agiam naturalmente quando ela falava, nenhuma demonstração de espanto, mas também nenhum grande interesse em sua vida, apenas a deixavam falar, vez ou outra faziam alguma pergunta, só para não a deixar sozinha. Naquele espaço, naquele dia, havia basicamente os moradores de rua, os integrantes dos coletivos com seus amigos e eu, que não era nem uma coisa nem outra. É claro que havia algumas exceções, alguns operários que trabalhavam ali perto, um grupo de meninas que estavam fazendo suas carteiras de trabalho. No entanto, esses logo iam embora não permanecendo por tanto tempo na instalação. Nesse dia, diferentemente da observação do *NaMoita*, foi possível para mim permanecer o dia todo na intervenção, que era maior e permitia a longa estadia de quantas pessoas quisessem, enquanto no *NaMoita*, o espaço era limitado e as pessoas entravam e saíam várias vezes da instalação.

Eram muitos os holofotes ao *Opavivará! Ao Vivo!*. Uma repórter de jornal fazia uma entrevista e uma equipe de televisão gravava um programa. Prestando atenção às entrevistas, foi possível sentir que eram sempre as mesmas respostas, aquelas que eu já havia lido em outras entrevistas concedidas pelo coletivo anteriormente. O discurso era o mesmo, e era reafirmado.

Enquanto isso, entre os moradores de rua, havia uma distinção entre "nós" e "eles". Eu, como não aparentava ser moradora de rua, era classificada como "eles". Alguns participantes me entregavam comida e em seguida sentavam de longe esperando que esta ficasse pronta, outros me pediam para conversar um pouco com a esposa doente que me pedia uma cadeira de rodas. Os integrantes do coletivo repetiam que ali não se dava nada, apenas conversas de cozinha. Pois era grande o número de pessoas que chegavam achando que era algum tipo de filantropia. Se a proposta era democratizar a arte, era questionável se a sensação de quem passava por ali era mesmo essa. As pessoas necessitadas comiam porque estavam com fome, não entendiam o que estava acontecendo nem faziam questão de entender. Fotos e filmagens eram feitos a todo tempo do público participante, mas sobretudo dos que pareciam ser mais pobres e *outsiders* dos *outsiders* da arte.

Durante toda a tarde que permaneci ali, pude conversar com duas pessoas que trabalhavam em prédios da praça. Coincidentemente, os dois não se sentiram à vontade para permanecer. Um deles, a meu pedido, escreveu sobre sua experiência:

> Desci querendo conhecer as pessoas que estavam colocando energia nessa iniciativa tão diferente, ao chegar cumprimentando e interessado, recebi pouca informação e uma certa distância da galera que estava organizando, logo te encontrei, e conversamos, me animei pra participar daquilo, fui até onde estava trabalhando trouxe umas 400grm de carne esperando sorrisos e receptividade, mas foram recebidos com uma indiferença, não percebi nenhum intenção de conversa e troca de conhecimento por parte da galera que estava ali, tive a ideia de trazer o café, que adoro, mas uma vez encarado com normalidade (visto que era a primeira vez que interagia gostaria de ser percebido e envolvido pela galera). Saí com a sensação de ver um projeto que não entendi bem, que forças motivavam aquelas pessoas, mas feliz por ver uma estrutura eficiente barata alimentando as pessoas num espaço público super agradável[35].

---

[35] O autor desse depoimento pediu anonimato.

Outra pessoa que ali encontrei, e não permaneceu porque realmente tinha que trabalhar, fez seu comentário: "Isso aqui é o *Ocupa Rio* colorido!". Colorido que soou num tom de crítica e não num tom divertido. O *Ocuppy* foi um movimento de ocupação dos espaços públicos que ocorreu no mundo todo nos anos próximos a junho de 2013, em que as chamadas primaveras árabes despontaram, por exemplo, a fim de chamar atenção das autoridades para as mazelas da população. Aquele passante lembrou que, no início do *Ocuppy* no Rio de Janeiro, era um movimento organizado, com pessoas de todos os tipos, mas que, no final, foi tomado pelos moradores de rua, que começaram a ocupar as barracas das pessoas que estavam na Cinelândia.

É interessante observar a proposta que constava na publicação distribuída no *Opavivará! Ao Vivo!*:

> Nos outros dias da semana, ainda como parte do programa, o OPAVIVARÁ! fará atendimentos de ouvidoria na Praça, para colher e registrar histórias, relatos, questões, reclamações, desejos, anseios, proposições acerca da praça e da cidade como um todo.
> OPAVIVARÁ! AO VIVO! cria um ambiente envolvente para a troca e soma de ideias e receitas. Tomando a praça como casa, o programa se propõe a pensar a cidade a partir da potência criativa dos encontros (OPAVIVARÁ!, 2012).

Encontros, para serem passíveis de se tornarem ouvidorias onde as pessoas consigam se abrir e conversar francamente, precisam de sintonia entre seus membros e capacidade de acolhimento de seus promotores. Talvez algumas pessoas possam ter manifestado suas opiniões e possa ter ocorrido uma troca frutífera em certos dias do evento em que eu não estava presente, porém o que ficou daquele dia, segundo as observações e os comentários de algumas pessoas, foi que a ideia do encontro era "boa", mas, na prática, faltava alguma coisa; talvez a interação não tenha alcançado a potência sugerida pela proposta do coletivo em todos as vezes em que a performance foi realizada, no entanto acredito que a fruição de performances passe mesmo por esses altos e baixos.

Essas foram algumas das minhas interpretações de uma observação participante enquanto socióloga da arte. Como pesquisadora acredito que algumas impressões podem ser resultantes de interferências específicas do momento em cada ação. Todas as interpretações das ações observadas foram realizadas com base nas práticas, mas também com o suporte da bibliografia disponível sobre os coletivos.

4

"TENDÊNCIA" E DISTINÇÃO: NOVAS RELAÇÕES SOCIAIS NO MUNDO DA ARTE (DOS COLETIVOS)

Após a delimitação, nos capítulos anteriores, das percepções dos críticos, dos artistas e, de certa maneira, do público sobre a consagração dos coletivos de arte contemporânea, agora, o que pretende este último capítulo é pensar o que o descompasso entre o discurso da crítica e a prática dos coletivos pode ter ocasionado. Acredito que esse choque de discursos possa ter criado novas relações sociais e disputas no campo da arte. O que ficou evidente, ao longo desta pesquisa, é que, talvez, essa dissonância de discursos – que, ao mesmo tempo, estão conectados – pode ter impulsionado a proliferação de diferentes formas de coletivos, nas mais diversas áreas, e, também, de esferas de diferenciação entre esses grupos, ou seja, uma tipologia de coletivos, atrelados, também, a uma nova hierarquia.

"Indivíduo coletivizado" e "coletivos de indivíduos"

Observou-se, em campo, ao longo dos eventos artísticos do gênero pesquisado, que havia naquele momento, entre os próprios artistas, e também entre os críticos de arte, divisões entre os modelos de coletivos. Segundo um desses preceitos, haveria "coletivos de indivíduos" que se diferenciam dos consagrados "indivíduos coletivizados". O "indivíduo coletivizado" é aquele coletivo integrado por artistas que se juntam para criar uma única obra, e que, geralmente, são trabalhos que objetivam questionar o espaço público e democratizar a arte. Tendem a ser obras que necessitam da interação do público para existir e, por isso, muitas vezes, são obras de intervenções urbanas. Nesse rol se encaixariam coletivos como: o *GIA*(BA), o *Opavivará!* (RJ), o *Filé de Peixe* (RJ), o coletivo *Mergulho* (RS) e o *e/ou* (PR). Eles eram vistos, por alguns, como uma tentativa de anarquia contemporânea, por difundirem um trabalho colaborativo e não hierárquico, criando um espaço-tempo efêmero. A arte produzida por esses artistas parecia então ser considerada mais genuinamente coletiva e, por valorizar um suposto anonimato, era associada a posições políticas. Esses coletivos parecem ser os mais elogiados pela crítica, pois, se pensada a questão da arte social e coletiva na história da arte, esta já foi valorizada em outros momentos (PEDROSA, 1975).

Em contraponto, há "coletivos de indivíduos", que apesar de usar um nome de grupo, possuem uma dinâmica em que cada artista produz a sua obra. O que costuma acontecer é todos trabalharem suas obras obedecendo a uma mesma temática. São exemplos *Bola de Fogo* (SP), *Branco do Olho* (PE), *Jardins da Babilônia* (RJ) e *Imaginário Periférico* (RJ). E daí, é interessante perceber que é como se houvesse uma hierarquia entre esses tipos. A crítica de arte Ana Luisa Lima, em seu texto na *Revista Tatuí* n.º 7, descreve essa diferenciação da seguinte maneira:

> Tenho creditado largas esperanças nas movimentações sociais, porque também políticas, surgidas a partir dos coletivos e das ações propositivas de trocas simbólicas feitas em rede. Coletivos diversos têm sido formados: por artistas, por críticos, por produtores, ou de uma mistura destes, com posicionamentos bastante claros de seus programas estéticos. Alguns coletivos de artistas surgiram pelo interesse meramente econômico que os ajudassem a promover seus projetos pessoais a exemplo do Branco do Olho (PE) e Bola de Fogo (SP); outros para se tornarem uma unidade proponente de diálogos e experiências estéticas como o fora o coletivo e/ou (PR) e os hoje ainda atuantes Mergulho (RS) e GIA (BA) – esses últimos me interessam mais. (LIMA, 2009).

Em outra ocasião, foi possível observar essa mesma maneira de distinguir os "tipos" de coletivos entre os próprios artistas. A partir de 2011, o coletivo *Opavivará!* iniciou um ciclo de atividades na Praça Tiradentes, em parceria com o *Studio X*, galeria que se estabeleceu na Praça e para a qual tem projetos de revitalização cultural. Em novembro daquele ano, fui a um pequeno debate entre os membros do *Opavivará!* e os membros dos *DUS Architects*, coletivo de artistas e arquitetos da Holanda. Nesse evento, enquanto os grupos faziam uma apresentação de seus trabalhos, procurando diálogos entre eles, havia uma cozinha coletiva, onde as pessoas poderiam preparar alimentos em conjunto. Ao longo da performance, os membros do *Opavivará!* organizavam a cozinha, pois a intervenção era de autoria desse coletivo. Notei que não havia membros do *DUS Architects* cozinhando. Conversei com integrantes dos dois grupos, que me disseram que o evento acontecia porque o dono da galeria havia conhecido o coletivo holandês na Bienal de São Paulo, logo, achando os dois coletivos "parecidos", convidou-os para esse debate no Rio de Janeiro.

Desse evento, foi possível apreender que coletivos também fazem distinção entre si. Um dos integrantes relatou que o *Opavivará!* era como um "indivíduo coletivizado" e outros tipos de coletivos seriam "coletivos de indivíduos". Como descrito pela crítica, um indivíduo coletivizado se caracterizaria como aqueles coletivos em que todos os artistas realizam uma única obra, e que, em alguns casos, como o do *Opavivará!*, seus artistas não divulgam sempre o nome de cada um dos seus membros. E os coletivos de indivíduos seriam aqueles nos quais cada artista elabora sua obra separadamente. Essa diferenciação entre as dinâmicas de funcionamento dos grupos me parece conter uma hierarquização, pois o que notei no comentário do artista do *Opavivará!* foi um tom de legitimidade mais efetiva por ser um indivíduo coletivizado. Não foi a única vez que percebi um tom negativo e outro positivo, por parte de crítica e integrantes, quando citados os dois tipos de coletivos. Dessa maneira, procurei observar mais comentários que me indicassem essa problemática de distinção.

Figura 15 – Instalação *Encaixe-se* do coletivo *Imaginário Periférico* no evento Mola (Mostra Livre de Artes) no Circo Voador em 2010

Disponível em: http://ateliepazamorearte.blogspot.com.br/2010/11/mola-2010-lotou-
-o-circo-voador.html. Acesso em: 3 fev. 2014

Figura 16 – Performance de cozinha coletiva montada pelo coletivo *Opavivará!* no debate desse grupo com o DUS Architects no Studio X

Fonte: fotografia do acervo pessoal de pesquisa de campo

"Fora" e/ou "dentro"?

Ao longo desse período de pesquisa com os coletivos nos anos 2010, percebi uma grande quantidade de coletivos expondo seus trabalhos em espaços consagrados do mundo da arte contemporânea, mas também encontrei coletivos que se definiam como "marginais". Esses seriam os coletivos tidos como "fora" das instituições, *outsiders* ao mercado de arte estabelecido. Nesse contexto, seus trabalhos, com os quais me deparei apenas em performances e, posteriormente, em registros fotográficos e videográficos na internet, realizavam sempre trabalhos que buscavam questionar o sistema político. Por estarem realizando performances nas ruas, aqueles ditos responsáveis pela ordem – guardas e policiais – são as figuras com as quais os grupos estão sempre em relação, ou seja, os primeiros são vistos como representantes de um sistema político maior que deve ser questionado. Logo se percebeu que há, para esses artistas, um outro significado de instituição. Quando fazem referência a ela, estão abordando não somente as instituições artísticas, mas o que definem como todo um sistema político.

Raphi Soifer, artista que, em 2010, pertencia ao *Nem Coletivo* juntamente a uma colega do curso de mestrado do Programa de Pós-Graduação em Ciência da Arte da UFF, criava performances para realizar sozinho e também em conjunto por meio do coletivo. Algumas dessas performances foram observadas para esta pesquisa. Como já descrito anteriormente, o *Nem Coletivo* realizava a intervenção *Checkpoint,* a qual tive oportunidade de acompanhar quando foi realizada no bairro carioca Madureira. Esse bairro é localizado na zona norte da cidade e é moradia para classes populares. *Checkpoint Madureira* foi realizado em frente ao mercadão do bairro e nos arredores da estação de trem no dia 28 de setembro de 2010, uma terça-feira. O propósito da ação era fazer um suposto controle social e étnico de Madureira. No cenário da performance, eram montadas duas mesas de bar pintadas de preto e era colocado um *banner* escrito "Welcome". A integrante feminina do coletivo colocou seus sapatos vermelhos, suas unhas também estavam pintadas da mesma cor, usava calça jeans, blusa de um tecido tradicional nordestino, um blazer rosa claro e um brinco grande, muito colorido, em uma orelha só. Raphi se vestiu com um terno preto, óculos escuros e chinelos havaianas. Raphi abordava as pessoas na rua com um sotaque americano forte que não possuía: *"Welcome to Madureira, please show me your documents, your passports or* RGs, por favor". Enquanto isso, a outra integrante do grupo abordava as pessoas perguntando se poderia fazer algumas perguntas. Chegando perto dos artistas, o público ganhava um carimbo, depois de os artistas conferirem se as pessoas tinham ou não permissão para andar por Madureira, de acordo com as roupas que vestiam e com quanto dinheiro tinham nos bolsos. Durante a ação, guardas municipais chegaram e perguntaram se os performers tinham autorização para realizar tal procedimento; como eles não possuíam a documentação, foram expulsos. Logo, os artistas se deslocaram e se posicionaram em mais outros dois lugares para realizarem a ação: alguns passantes dialogaram com eles e participaram da performance. Camelôs que não podiam mais trabalhar, por causa do choque de ordem da prefeitura, também se aproximaram e relataram seus problemas quanto à utilização do espaço público.

Figuras 17 e 18 – Intervenção urbana *Checkpoint Madureira* do *Nem Coletivo*

Fonte: fotografias do acervo pessoal de pesquisa de campo

    Raphi pediu que o avisasse quando os policiais estivessem vindo, porque ele estava numa posição vulnerável (fala dita em inglês), não queria ser pego de surpresa pelas costas. Foi possível notar que de certa maneira um dos momentos mais aguardados pelos performers era esse debate com os guardas: pediam aos colegas que estavam filmando que chegassem perto e gravassem tudo. O discurso da performance continuava vivo e nas conversas com policiais não se deixava claro que aquela ação se tratava de uma performance artística. A artista indagava ao guarda por que eles expulsavam o *Checkpoint* dali, pois o trabalho deles era tão parecido com os dos policiais: pretendiam fazer uma limpeza racial e étnica em Madureira. Enquanto ela não saía de seu personagem, Raphi fingia não falar português.

Foi possível notar que o guarda era visto como símbolo do que esses artistas entendiam por instituição. Ao bater de frente com os guardas, estariam desafiando a ordem estabelecida pelo Estado, representado ali pela figura do Guarda Municipal. Percebe-se, aí, mais um significado do termo instituição dentro do mundo da arte. Era como se eles sentissem uma espécie de contentamento por estarem ferindo a ordem da via pública e serem pegos pelos guardas. A sensação passada para mim, como pesquisadora, que olhava tudo de fora, era que não incomodar aquela "ordem" traria um descontentamento, uma espécie de frustração. Porém, isso não foi dito pelos artistas em nenhum momento.

A performance se desenvolve no espaço e no tempo, mas se concretiza no efêmero. Seu espaço pode ser todo e qualquer espaço, até mesmo o corpo do artista. Quando o performer carioca Fernando Codeço realizava a performance *Um elefante incomoda muita gente*[36], encaminhava-se para dentro de um supermercado e lá permanecia parado. Respondia às perguntas que as pessoas faziam, que estava tudo bem e que ele só queria ficar ali parado e elas se espantavam. Não entendiam o fato de ele não fazer nada. Até que, uma das vezes, foi expulso pelo segurança da loja.

Esse relato foi feito pelo próprio artista, em uma das minhas observações em campo nesse período de pesquisa. Codeço definiu como o momento de êxito da performance justamente aquele da sua expulsão pela figura responsável pela ordem. Tive a oportunidade de conhecer esse artista quando fui convidada por ele para participar de uma performance que seria filmada e transformada em videoarte pelo coletivo de artistas que compunha o *Projeto Sérberos*. Voltei a encontrá-lo em diversos eventos e, sempre que conversávamos sobre coletivos, ele afirmava que o *Sérberos* era um coletivo

---

[36]   Performance *Um elefante incomoda muita gente*. Artista Fernando Codeço. Disponível em: http://www.youtube.com/watch?v=k0t5MQpCKbk. Acesso em: 4 fev. 2014.

marginal de verdade: viajavam com verba própria e não estavam inseridos no mercado de arte. Essa afirmativa foi sempre feita com um tom de orgulho e distinção dos demais coletivos.

Essa distinção entre coletivos "fora" e coletivos "dentro" da instituição foi mais uma cisão que se observou e que ocasionou "tipos" de coletivos. Essa diferenciação ou elemento de distinção, como é discutido na sociologia, pôde também ser notada no dia da inauguração do MAR (Museu de Arte do Rio) em março de 2013. O museu, uma das âncoras culturais do Porto Maravilha (*Operação Urbana Consorciada da Área de Especial Interesse Urbanístico da Região Portuária do Rio de Janeiro*), que, segundo o site do projeto, tem a finalidade de

> [...] promover a reestruturação local, por meio da ampliação, articulação e requalificação dos espaços públicos da região, visando à melhoria da qualidade de vida de seus atuais e futuros moradores e à sustentabilidade ambiental e socioeconômica da área. O projeto abrange uma área de 5 milhões de metros quadrados, que tem como limites as Avenidas Presidente Vargas, Rodrigues Alves, Rio Branco, e Francisco Bicalho[37].

A temática da exposição *O Abrigo e o Terreno*, uma das quatro exposições inauguradas junto ao MAR, discutia as transformações nos espaços urbanísticos e seus desdobramentos nas relações sociais. O termo gentrificação perpassava algumas das frases das instalações dos coletivos dessa exposição. No entanto, nos comentários nas redes sociais dos coletivos, muito se discutia sobre a ambiguidade dessas ações, pois ali estavam expostas obras que questionavam as expansões urbanísticas que não respeitavam os direitos civis em São Paulo, e, para alguns, o novo museu representava um marco desse mesmo tipo de ação, agora no Rio de Janeiro. Na região da zona portuária, foram relatadas remoções de inúmeras famílias para a implementação do projeto Porto Maravilha. Em 1.º de março de 2013, dia da inauguração do MAR, artistas e coletivos protestavam do lado de fora da grande festa de abertura da instituição cultural. O *Bloco Reciclato* e o movimento *Reage, artista!* fizeram chamados nas redes sociais para que os artistas em geral comparecessem e protestassem contra a revitalização da zona portuária e as políticas públicas culturais.

---

[37] Apresentação do Projeto. Site do Porto Maravilha. Disponível em: http://portomaravilha.com.br/web/sup/OperUrbanaApresent.aspx. Acesso em: 20 fev. 2014.

Figura 19 – Chamado do Bloco Reciclato para a manifestação ocorrida no dia da inauguração do MAR

Fonte: Facebook[38]

---

[38] Divulgação disponível em: https://www.facebook.com/flxs.urbanos/photos/p.335273866572066/335273866572066/?opaqueCursor=AbqqVFTUkjJyCVtZn8UGiUK1VuefwbCfkGQpNjPWcI2ay7bhaewpWEin-XGCcmt1OWls-fNTes8Zf2TQA7qJ2wa2rRI7HXaKePezcPtNxTeNd6lo96kZrUpgTdbY2h0K0qGnmZcYYoA2W-vfqruOWsnBFtjSRuuiA4GMS96t3GSoBYPAKdlLV3S7fP5hy803JMY1CPqMxYw3R85Y_8QXw9owg2mgxYbS-sof60SRpS3RCtfXvHWsJLp7bcEfOKngjow34hjHNW91JMb5e7vJA5UlKR0_-wHMstlDcytQVILJoJ7QydrLQl-pawhNFAsmIOkimvRaWSujxxoxUs9Nufc_k-l0TTxCK0TA0REOMMqj_DPy4M6R2tB3cwnvSuS739ANhSeMd8IeBzlR77nKVcNjFzdJpf3x-Ta_31MS2FnOVRILew9VjjWYij6j8csBv4kOxYfZuSYM3CKncAAib-XB3Uig-KMze-SAQLag60N6L9-qiB2l2bZDka-KZ4ZerSL3iy_BOiiAlABe-BqM63TQ6EoAjMkICXN9JwzlrMOQDoYQgVlcdz-07mhOB5WsjzAPHd-O-gxMSBoX-CuW1OF3hR_2PqsyAZ0KSz2i1NAE8w_xj9skUKAL9aBdE58E9smphBGEA. Acesso em: 1 fev. 2022.

Figura 20 – Chamado do grupo *Reage, artista!* no dia da inauguração do MAR

Fonte: Facebook[39]

Nesses chamados para protestos nas redes sociais, o debate girava em torno – além das críticas às políticas públicas – de uma crítica aos coletivos que integravam as exposições. O texto apresentado na página do *Bloco Reciclato* era:

> ReciclAto Convida! E atenção: Dilma, Eduardo Paes, Eike Batista, Adilson Pires, Sergio Cabral já confirmaram presença! Você vai perder esta?

---

[39] Cartaz disponível em: https://www.facebook.com/reageartista/photos/p.516426678404454/516426678404454/?opaqueCursor=AboFLBcEMg_M4Wh3OzKSgjbSghB1IZNLXOgTDlZWR4q1HKqvEvhcTv2YscGmdrOr-JOfguIxSssfjeMYXoXutBYpK_Z2DWOgkHKxgFy0ETXLFyrWmW-2OtaXvQbc8Zfs406jILNCxXzdcOJebsj-Li95xvFAVgBe5audSnhRUBuAFTIzoJzFXCsQ6UWZqL_1UHKdp0pm_XQ4fAsZ8E0f-UuinBA4qWT0miJx-PolDPDz5pkthotiyZqCX687fCJ1vm_Xh5HJrpvHQCWJExnDKRlW0BNDP5Uzgr--O4rTvwX4yGSlR7rYaon--gpF5vG84f-fG0ccwmcqj97L7TGG098akfCpw40omokFsxX5N57KgPU4cAPmc-bJJqJfQ8835O_z8kNmym-juXAW7ul4_f4c1l1fhwcdBPRBv0s-Ua25Cqkz6BxsGtlGgvcH0_qrxYkPLH1EEDdh5wE-LIYbRg8nl0ZSssT-CbHkTwOBp-fc7L7Y3miL9giWWPQDQRUfmSTMkRr7nGKpCAZCyDg64fkuK0Thmq7Av_74Ta4n160VO-QmmM3C-oIrBTEG7z2YoJzxlq3gJjloHFtybiG195cl2Z74xDusbzmGrset2wpnZTLLc1OtD78S8JZyuR-7PFhZJ--QX5wW5kzXs0Meli7hiE3Ya2Bs6vjyKVViEm96VtGE-DPTr3w. Acesso em: 1 fev. 2022.

"COMO SE SE LEGITIMA A GENTRIFICAÇÃO ATRAVÉS DA ARTE?!
O Museu de Arte do Rio integra o projeto de especulação imobiliária e apagamento de memória do porto, com sabemos. Nesse museu, no dia 1 de março, sera lançada a exposição "O abrigo e o terreno" – "Nesta, Herkenhoff dividiu a curadoria com a jovem Clarissa Diniz, para selecionar trabalhos de arte que abordem a questão da moradia. Estão lá obras do grupo Dulcineia Catadora, instalações de Ernesto Neto e até um carro alegórico do coletivo OPAVIVARÁ!" Olhem que interessante... artistas que circulam pelos movimentos de moradia, fotografam, gravam em video e depois vão expor em um museu que é um dos simbolos da gentrificação da zona portuária. Para analisarmos como o proprio estado violador de direitos vai construindo sua legitimação com o apoio da jovem elite cultural e artística para planificar a real luta pela moradia. Dizem que a Dilma e uns ministros estarão presentes. (por Rio Distopico)"[40].

Figura 22 – Imagem do *Coletivo Opavivará!* sendo impedido de realizar sua performance no dia da inauguração do MAR

Fonte: disponível em: https:://facebook.com/profile.php?id=100000068270618&fref=ts. Acesso em: 14 fev. 2014

---
[40] Trecho disponível em: https://www.facebook.com/events/156746641148820/. Acesso em: 7 fev. 2014.

Figura 23 – Cartaz da chamada do *Opavivará!* para sua performance na inauguração do MAR

Disponível em: https://facebook.com/photo.php?fbid=543491312337568&set=oa139254576241862&type=1&theather. Acesso em: 14 fev. 2014

Para compor a exposição *O Abrigo e o Terreno*, o coletivo *Opavivará!* foi convidado pela curadora Clarissa Diniz a realizar uma performance que se iniciaria num barracão da Escola de Samba Mirim *Pimpolhos da Grande Rio*, na zona portuária do Rio de Janeiro. Na ocasião haveria um carro alegórico que desfilaria contando também com um banquete, que terminaria na frente do MAR. No entanto, a Guarda Municipal não autorizou a saída desse cortejo previamente aprovado até o museu. O fato virou polêmica nas redes sociais e saíram fotos e reportagens na internet[41]. Foram observados, nesses comentários nas redes sociais, tanto na página do evento do *Opavivará!* quanto na do *Bloco Reciclato*, críticas, tensões e questionamentos quanto à relação desses artistas com as instituições de arte. No entanto, a

---

[41] Disponível em: http://www1.folha.uol.com.br/ilustrada/1239430-artistas-contratados-por-museu-sao-impedidos-de-fazer-performance-na-inauguracao.shtml; http://oglobo.globo.com/rio/inauguracao-do-museu-de-arte-do-rio-mar-7721175. Acesso em: 1 fev. 2022.

preparação do cortejo do *Opavivará!* e a não autorização dos guardas para a saída da ação foram filmadas e depois estavam expostas dentro da exposição no MAR como um trabalho do coletivo. Ou seja, eles acabaram, por outro caminho, entrando na instituição. Houve, de fato, a materialização de um processo artístico que parecia até então malsucedido.

Figura 24 – Artistas e coletivos reunidos em protesto em frente ao MAR no dia de sua inauguração

Disponível em: https://fotografia.folha.uol.com.br/galerias/14121-museu-de-arte-do--rio#foto-249178. Acesso em: 14 fev. 2014

Neste diálogo a seguir entre um integrante do *Anarco Funk*, movimento político e musical, e Anderson Barbosa, que se diz artista integrante da instalação *Poética do Dissenso*, a grande questão que chama atenção na discussão é como um coletivo poderia estar expondo um trabalho criticando uma revitalização urbana gentrificada dentro de um símbolo dessa revitalização:

> Anarco Funk: Nossas ocupações, atos públicos, movimentações, etc. sempre foram abertas a quem quer que fosse, o que permitiu que uma séria de pessoas, grupos, "artistas" documentassem e fotografassem. Compartilho aqui a minha posição, que pode não ser da maioria das pessoas envolvidas na ação. O rolo compressor das empreiteiras está acabando com a nossa luta, dxs militantxs das ocupações urbanas e dxs moradorxs do morro da Providência. Somos expulsxs de casa, presxs em manifestações, apanhamos da polícia, temos seriedade e respeito pela nossa

luta. Agora, um bando de desavisado pegar esta luta e vender pros nossos inimigos? Se alguém tem que contar esta história, somos nós... Mais uma vez os vencedores se apropriarão da nossa memória? Não podemos permitir. Quando a conversar com as pessoas que participam da exposição, me permita uma ironia "tadinha, elas não sabem o que fazem?"

Abraçx

Anderson Barbosa: Bom, eu nao conheco a realidade carioca e creio que nao conheca a realidade paulista. Um grupo de moradores da primeira ocupacao da Prestes Maia estara presente nesse evento.

Ha uma serie de divergencias sim com relacao a isso, houve muita discussao por conta da inauguracao ser parte deste processo de gentrificacao no centro do Rio, mas penso que se nao se metem a cara la dentro e nao falam na cara deles o que esta acontecendo, pouca coisa vai acontecer.

Tambem ja apanhei da policia, tambem fui tirado da minha casa... Nao conheco todas as pessas que participarao dessa exposicao, entao, nao posso perceber sua ironia como nada mais que preconceito.

Vai rolar uma projecao das minhas fotos sobre as ocupacoes daqui de Sao Paulo. Te digo, nao ganhei um centavo pra isso... E to mostrando o processo violento dessas disputas do centro das cidades...

Anderson Barbosa: E so aceitei se fosse dessa forma, apresentar o processo como é, sem edicao a moda da casa (como eles queiram contar)[42].

Nota-se a preocupação do artista integrante da instalação *Poética do Dissenso* em explicar de que maneira se faz uma crítica às instituições de dentro delas, o que, como discutido anteriormente, é uma caracterização presente no discurso dos coletivos atuantes nesse momento histórico.

Outra ocasião em que pude presenciar a mesma problemática surgindo nos eventos articulados por artistas de coletivos aconteceu em 2012. Na página do Facebook do coletivo *Filé de Peixe*, havia uma convocatória para uma oficina que duraria dois dias no Peixaria Arte Contemporânea (P.A.C.), ateliê recém-inaugurado pelo coletivo, logo eu me inscrevi, por e-mail, e depositei a quantia de R$ 120,00 necessária para participação. Ao longo dos dois dias, foi ensinada a técnica de revelação fotográfica da cianotipia. A participação na oficina dava direito a revelar três fotos com a técnica ensinada. Formou--se um grupo de dez pessoas, que foram chegando aos poucos ao P.A.C., que se localiza no Catumbi, bairro que estava passando por uma revitalização

---

[42] Conversa disponível em: https://www.facebook.com/events/156746641148820/. Acesso em: 7 fev. 2014.

cultural liderada por alguns artistas cariocas. Como um dos integrantes me relatou, essa revitalização não era financiada por nenhum poder público. Ao redor do bairro, o coletivo instalou uma placa: "Welcome to Catumbi". Nas redes sociais, pode-se perceber a disseminação do *slogan* do projeto: "Eu amo Catumbi". Os momentos preliminares, antes da iniciação da oficina em si, e os intervalos foram bastante proveitosos para entender o público ali presente. Foi possível presenciar inúmeras conversas sobre questões artísticas, já que todo o público ali tinha alguma aproximação com a arte, mesmo que só de admiração. Os comentários acerca da arte em coletivos foram muitos. Além do próprio *Filé de Peixe*, havia outra integrante de um coletivo de fotografia entre os participantes, o que desencadeou algumas conversas interessantes. Alex Topini relatou como o seu coletivo, o *Filé de Peixe*, está, ao mesmo tempo, dentro e fora da arte "institucional", intercalando ações em galerias e também ações na rua, mostrando, assim, em que espécie de coletivo o seu grupo se encaixava. Comentou, também, sobre a proliferação de coletivos, como estavam surgindo de todos os tipos, "até mesmo de dentistas", pois segundo Topini, o "bonito" naqueles tempos seria dizer coletivo em vez de grupo. Dessa maneira, percebi que, mesmo sem ser perguntado (pois não fiz nenhum tipo de entrevista formal), esse artista, ao pensar a atuação do grupo, classifica a relação dele com as instituições, e também reconhecia a recorrência do termo "coletivo", que será pensada mais profundamente em seguida.

Figura 25 – Fotografia da técnica de revelação fotográfica de cianótipo, ensinada em workshop no ateliê Peixaria Arte Contemporânea do Coletivo Filé de Peixe

Fonte: acervo pessoal de pesquisa de campo

A suposta tendência

Em alguns momentos, durante a etnografia realizada para este trabalho, foi possível escutar discussões acerca de uma "tendência", "modinha" ou viralização que virou a ação de montar um coletivo. Certa vez, uma integrante de um coletivo de fotografia[43] relatou que seu grupo surgiu por esforço de uma professora que convidou alguns alunos para criarem esse coletivo. No entanto, ela questionava a vontade desgovernada da professora de expor rapidamente, até mesmo sem um preparo adequado, focando principalmente em uma exposição que já teria em vista. A partir desse relato, pude refletir sobre a alta demanda do mercado para coletivos de artistas nos anos 2010. Era de se pensar se a significativa abertura de espaço para coletivos, talvez por estarem se disseminando bastante e sendo bem aceitos, pode ter impulsionado a criação de alguns grupos. A tensão da fotógrafa citada anteriormente era visível. Esta afirmou que era muito complicado trabalhar em coletivos e ainda haveria outros problemas no grupo que ela não poderia relatar.

Não somente nas artes visuais, grupos que estabelecem algum tipo de produção artística, seja musical, teatral, de dança ou de *design*, estavam formando grupos que têm o termo coletivo em sua denominação. Havia os que surgem assim e ainda aqueles que passaram a mudar o nome de grupo para coletivo. Em *workshop* realizado com o coletivo *Filé de Peixe*, por exemplo, uma artista do Acre relatou que seu grupo, *Pium fotoclube*, passaria a se chamar *Coletivo Pium*.

Notei, também, certa tentativa de encaixar alguns artistas individuais nessa "tendência" dos coletivos para o acontecimento de certos eventos. No anúncio de um evento que se realizou ao longo de maio de 2011, sobre coletivos que trabalham com intervenções urbanas, na Escola de Belas Artes da UFRJ, chamado "Terças de Vídeo", constava a participação dos coletivos *Heróis do Cotidiano*, *Liquida Ação* e Raphi Soifer. No entanto, sabe-se que Raphi Soifer se trata de um artista e não um coletivo.

Além disso, algumas produções artísticas passaram a trocar os seus nomes. O grupo de pesquisa musical *Vinil é arte*, que tocava em festas, há alguns anos, no Rio de Janeiro, no seu material gráfico de divulgação dos eventos depois de 2013, autodenominou-se *Coletivo Vinil é Arte*. A *Babilônia Feira Hype*, conhecida como uma feira de moda e design do Rio de Janeiro, também realizou essa mudança como um coletivo urbano criativo naquele período.

---

[43] Essa artista pediu anonimato.

Percebi que inserir coletivo no nome de um grupo poderia estar indo além das fronteiras da arte contemporânea, e, nas circunstâncias narradas, tornou-se, também, uma ferramenta para aqueles que queriam esconder sua autoria individual, por questão de segurança. No contexto das manifestações que ocorreram nos anos seguintes a junho de 2013, pude constatar dois coletivos, um de fotografia e outro de vídeo documental, que, ao que tudo indica, formaram-se para se defender de acusações, pois estavam documentando acontecimentos de abusos da lei por parte de membros do Estado. O *Coletivo Mariachi* se descreve nas redes sociais como um coletivo de jornalistas, fotógrafos e documentaristas que se formou com o intuito de documentar as manifestações na cidade do Rio de Janeiro. Sua página no Facebook está no ar desde julho de 2013 e não é possível encontrar indícios da autoria individual de seus integrantes. Em setembro de 2013, foi possível estabelecer uma conversa com um fotógrafo[44] que estava fundando um coletivo junto a um colega de profissão, por motivo de segurança, pois já havia recebido ameaças em seu site de divulgação de trabalho, tendo que deletar a página por receio. A partir daí, iriam assinar somente com o nome do coletivo para poderem continuar divulgando as imagens sem maiores problemas. O interessante foi que, durante essa conversa, chegamos à conclusão que, se fossem outros tempos, eles poderiam apenas adotar um pseudônimo. No entanto, como o nome coletivo estava sendo utilizado bastante nos meios artísticos, a ideia de criar um coletivo foi a primeira que veio à cabeça dos fotógrafos. Pode-se observar uma reflexão sociológica com esse exemplo, pois até mesmo as manifestações artísticas são influenciadas pela socialização do artista, pela sua conjuntura sócio-histórica.

A pesquisadora Suely Rolnik (2014) afirma que os ventos críticos estavam soprando, novamente, no território artístico, desde a virada de século, e observou, também, que, no Brasil, uma nova geração de artistas estava se organizando frequentemente nos assim chamados "coletivos". No entanto, em relação à entrada desses coletivos e às suas temáticas políticas no circuito artístico internacional e brasileiro, Rolnik destaca que esse fato já se tornou uma "tendência", concordando assim com os exemplos anteriormente apontados.

Rolnik completa afirmando, ainda, que esse fenômeno de transformação em tendência é uma prática típica da lógica de mercado e midiática que orienta uma boa parcela das produções artísticas. Nessa migração, segundo

---

[44] O fotógrafo pediu anonimato.

Rolnik, as produções costumam se esvaziar de seu potencial crítico, pois entram para alimentar o sistema institucional de arte e transformar-se num novo fetiche.

> Fortes ventos críticos têm agitado o território da arte, desde o início da década de 1990. Com diferentes estratégias, das mais panfletárias e distantes da arte às mais contundentemente estéticas, tal movimentação dos ares do tempo tem, como um de seus principais alvos, a política que rege os processos de subjetivação – especialmente o lugar do outro e o destino da força de criação – própria do capitalismo financeiro que se instalou no planeta a partir do final dos anos 1970. O enfrentamento deste campo problemático impõe a convocação de um olhar transdisciplinar, já que estão aí imbricadas inúmeras camadas da realidade, no plano tanto macropolítico (fatos e modos de vida em sua exterioridade formal sociológica), quanto micropolítico (forças que agitam a realidade, dissolvendo suas formas e engendrando outras, num processo que envolve o desejo e a subjetividade).
> No Brasil, curiosamente este debate só se esboça a partir da virada do século, com uma parcela da nova geração de artistas que começa a ter expressão pública naquele momento, organizando-se frequentemente nos assim chamados "coletivos". Mais recente ainda, é a articulação do movimento local com a discussão levada há muito mais tempo fora do país. Hoje, este tipo de temática começa inclusive a ser incorporado ao cenário institucional brasileiro, na esteira do que vem ocorrendo fora do país, onde este movimento tem se transformado em "tendência" no circuito oficial. Tal incorporação, como veremos, diz respeito ao lugar que ocupa a arte nas estratégias do capitalismo financeiro (ROLNIK, 2014).

Para entender o porquê de as instituições de arte agregarem às suas exposições as temáticas trazidas pelos coletivos, Rolnik entende que é preciso entender, primeiramente, o momento de crise que atravessamos. Segundo ela, o mal-estar que rege nossa política de subjetividade nestas primeiras décadas do século XXI teria ocasionado uma crise, e é ela que desencadeia o trabalho de pensamento e criação dos artistas. Estaríamos atravessando uma crise que estourou devido à junção de três fatores históricos: a nossa traumática experiência de violência na ditadura, a apropriação que o capitalismo cognitivo fez da subjetividade flexível – e da imaginação criadora trazida primeiramente pelos movimentos de contracultura – e a ativação da baixa antropofagia. Com o que chama de cartografia da cafetinagem do neoliberalismo, Rolnik destaca como as recentes manifestações artísticas têm observado, na política de subjetivação em curso, a anestesia da vulnerabilidade ao outro. Segundo ela, esse fator é o grande mal que o capitalismo cognitivo fez à subjetividade flexível criada pelos movimentos de contracultura: esqueceram-se da política de relação com o outro. Para essa subjetividade, seria necessário construir territórios com base nas urgências indicadas pelas sensações, os sinais da presença do outro em nosso "corpo vibrátil".

Mesmo que as atividades dos coletivos não sejam a grande "salvação" ou saída na busca urgente por um mundo melhor, como parece ser o pensamento de alguns críticos, pode-se extrair algo de positivo desse fenômeno, como o fez Rolnik. Afinal, estamos num momento de mutação, pois a arte tem esse poder de contágio e transformação, por apresentar-se ao vivo, sendo também um modo de produção de pensamento. As ações coletivas seriam "perfurações sutis na massa compacta que envolve o planeta hoje" e estariam, pelo menos, transformando as atuais políticas de subjetivação, e, quem sabe, aproximando-se de uma subjetividade que possua uma vulnerabilidade aos sinais de presença de outrem.

CONSIDERAÇÕES FINAIS

Estes escritos foram a minha tentativa de enxergar e interpretar o mundo da arte dos coletivos de artistas por uma ótica sociológica. A partir do trabalho de campo, em que foram observadas de maneira participante as performances artísticas elaboradas pelos grupos estudados, somei o discurso da crítica de arte encontrado que buscava caracterizá-los, e assim a minha questão foi sendo construída. Percebi que seria interessante investigar a problemática da relação entre artistas pertencentes a coletivos e as instituições de arte, pois essa questão pareceu ser um importante meio de se investigar a vida social, por meio de um de seus elementos constituintes: a arte.

O primeiro capítulo surgiu com o intuito de responder a certas dúvidas que pudessem ocorrer por possíveis leitores ao longo do desenvolvimento da análise. Percebi ser importante dissertar acerca do embate entre categorias sociológicas e categorias nativas, pontuando os significados simbólicos dos principais conceitos encontrados em campo. Foi meu intuito, nessa parte, e também na introdução, delimitar a questão principal de investigação proposta. Como foi enfocado, não tive a intenção de responder a perguntas do tipo: o que é um coletivo? Ou: o que é instituição? Perguntas que podem parecer imprescindíveis àqueles que se propuserem a estudar a institucionalização dos coletivos de artistas. No entanto, a busca por um significado único desses conceitos não fez sentido ao longo desta pesquisa. E sim procurei demonstrar a riqueza investigativa de sua multiplicidade de sentidos. Nesse capítulo busquei mostrar, também, de que forma a análise do discurso e o estudo da vida cotidiana foram os instrumentos de pesquisa que se mostraram como os mais frutíferos para elaborar a análise escolhida.

No segundo capítulo, tentei construir uma análise dos discursos sobre coletivos encontrados na crítica de arte e também na imprensa especializada. Pois, à medida que acompanhava os eventos de arte, percebia o quanto o discurso sobre coletivos estava também presente nas críticas e nas reportagens de jornal, e achei interessante constatar o quanto esse discurso se repetia e sempre tendia para os três aspectos destacados no Capítulo 2: a referência ou ligação entre a arte produzida por esses grupos e a arte neoconcreta; a relação entre arte e política no que tange às instituições; e a relação entre arte e política devido à arte experimental e as "Zonas Autônomas Temporárias".

No terceiro capítulo, tentei a árdua tarefa, e uma das mais complicadas para mim, que foi desconstruir toda a linearidade que constituía a cronologia do meu trabalho etnográfico, e a partir daí, desenvolver um esquema de questões inerentes ao mundo da arte dos coletivos, em que fui encaixando – como as peças de um quebra-cabeça – alguns relatos de experiências em campo. Essas questões, que surgiram em diferentes momentos das práticas, foram abordando todo o discurso dos próprios artistas de coletivos sobre o seu trabalho e a relação com as instituições. Relação essa que se mostrou, de certa maneira, diferente do que a crítica pontuou. As práticas foram sempre evocando questões que puderam ser colocadas lado a lado nas respectivas partes desse capítulo: a institucionalização nos discursos dos coletivos; a expansão das instituições artísticas do Rio de Janeiro; o surgimento e o funcionamento desses grupos; a questão da autoria e a relação dos coletivos com o público.

Na finalização do trabalho, algumas questões encontradas em campo se mostraram como resultado do que os diferentes significados simbólicos dos discursos poderiam ocasionar nas práticas dos coletivos. Foi possível entender que novas relações sociais poderiam estar sendo construídas. O embate entre discurso anti-institucional, que a crítica atribuiu aos coletivos, e o discurso dos artistas pertencentes aos coletivos, que, muitas vezes, tende para uma intenção de questionar dentro da própria instituição, pode ter engendrado algumas práticas observadas. Práticas essas que foram interpretadas no Capítulo 4, quando dissertei sobre uma cisão que estaria ocorrendo entre os grupos de coletivos: aqueles que estão "fora" *versus* os que estão "dentro" das instituições, e também aqueles que criam, coletivamente, uma única obra *versus* os que criam várias obras separadamente. Dentre essas novas relações, há, também, a possível "tendência" em adotar a denominação "coletivo" por grupos de diferentes áreas, além do mundo da arte. Processo que pode ter surgido pelo fato de os coletivos já estarem ganhando certo prestígio dentro do mundo da arte contemporânea, haja vista o número de exposições em espaços expositivos consagrados e também os elogios e destacadas referências que os críticos da arte fazem aos coletivos.

Outras questões referentes à atuação dos coletivos ainda poderiam ser aprofundadas e mereceriam maiores investigações. A intrigante relação entre a consagração dos artistas de coletivos e suas origens sociais, por exemplo. Já a relação entre os coletivos e o espaço urbano da cidade é outra questão que vejo como pauta forte nesse meio. A utilização que esses grupos fazem do espaço público foi citada ao longo deste texto; no entanto, seria interessante se aprofundar sobre como essa apropriação poderia estar mudando as relações sociais nas ruas. Houve também um crescente número de coletivos que surgiram e assumiram que seus integrantes se juntaram porque sentiam necessidade de ocupar as ruas de alguma maneira – como, por exemplo, os coletivos *Projetação* e *Serhurbano*. Estes são coletivos que buscam se manifestar nas ruas a seu modo, mesmo que não definam o tipo de ação que praticam, pois notei, principalmente, a realização de eventos híbridos entre manifestações políticas, artísticas e festivas.

A articulação entre arte e política começou a ganhar um novo tom entre os anos 2010 e 2014, anos que delimitaram a pesquisa desta publicação, principalmente com a ocorrência de junho de 2013 e suas conexões com os coletivos de artistas. Ao longo dos anos que se seguiram até 2024, ano em que este livro está sendo publicado, a politização da arte e a artificação da política[45] renderam calorosos debates dentro daqueles ambientes de discussão das ciências sociais e humanas em relação às artes de nosso tempo. Busquei contribuir assim para os estudos da vida social por meio dos microcosmos dos coletivos de arte que reuniram sem dúvida um apanhado de problemáticas vigentes em mudanças sociais mais amplas.

---

[45] Para mais detalhes dessa discussão ver o artigo publicado por mim e os colegas Sabrina Sant'Anna e Guilherme Marcondes intitulado "Arte e política: A consolidação da Arte como Agente na esfera pública" (SANT'ANNA, Sabrina Marques Parracho; MARCONDES, Guilherme; MIRANDA, Ana Carolina Freire Accorsi – Arte e política: A consolidação da Arte como Agente na esfera pública. **Sociologia e Antropologia,** Rio de janeiro, v. 7, n. 3, p. 825-849, dez. 2017.

REFERÊNCIAS

BECKER, H.S. Arte como ação coletiva. *In:* BECKER, H. S. **Uma teoria da ação coletiva**. Rio de Janeiro: Zahar, 1977a.

BECKER, H. S. Mundos artísticos e tipos sociais. *In:* VELHO, G. **Arte e Sociedade:** ensaios de sociologia da arte. Rio de Janeiro: Jorge Zahar Editor, 1977b.

BERGER, P.; LUCKMANN, T. **A construção social da realidade**. Petrópolis: Vozes, l980.

BOTELHO, A. **O Brasil e os dias:** estado-nação, modernismo e rotina intelectual. Bauru: EDUSC, 2005.

BOURDIEU, P. **O Poder Simbólico**. Rio de Janeiro: Bertrand Brasil, 1992.

BOURDIEU, P. **Uma ciência que perturba.** Entrevista a Pierre Thuillier, La Recherche, 112, jun. 1980.

BÜRGER, P. **Teoria da Vanguarda**. São Paulo: Cosacnaify, 2008.

DABUL, L . Rápidas passagens e afinidades com a arte contemporânea. **O Público e o Privado,** UECE, v. 17, p. 87-95, 2011.

ELIAS, N. **Mozart. Sociologia de um gênio.** Rio de Janeiro: Jorge Zahar, 1995.

ELIAS N.; SCOTSON, J. **Os Estabelecidos e os *Outsiders*:** Sociologia das relações de poder a partir de uma pequena comunidade. Rio de Janeiro: Jorge Zahar Editor, 2000.

FOUCAULT, Michel. Nietzsche, a genealogia e a história. **Microfísica do poder**. São Paulo: Graal, 2005.

FREIRE, C. **Arte Conceitual**. Rio de Janeiro: Jorge Zahar Editor, 2006.

GEERTZ, C. A arte como sistema cultural. *In:* GEERTZ, C. **O saber local:** novos ensaios em antropologia interpretativa. Petrópolis: Vozes, 1997.

GOFFMAN, E. **A representação do eu na vida cotidiana**. 8. ed. Rio de Janeiro: Petrópolis, 1999.

HUYSSEN, A. **Memórias do modernismo.** Tradução de Patrícia Farias. Rio de Janeiro: Editora UFRJ, 1997.

LECHNER, N. Estudiar la vida cotidiana. **Los patios interiores de la democracia**. Chile: FLACSO, 1988.

LIMA, F. D. B. **A performance arte como gesto**. Dissertação (Mestrado em Antropologia) – Programa de Pós-Graduação em Antropologia, PPGA, da Universidade Federal Fluminense. Niterói, 2013. Não publicada.

LIPOVETSKY, G.; SERROY, J. **A estetização do mundo:** viver na era do capitalismo artista. São Paulo: Editora Companhia das Letras, 2015.

MEDEIROS, M. B. de. Performance artística e espaços de fogos cruzados. *In:* MONTEIRO, Marianna F. M. (org.). **Espaço e performance**. Brasília: Editora da Pós-Graduação em Arte da UnB, 2007.

MOTTA, G. Contaminação, colaboração, flexibilização, precarização: pequeno léxico sobre curadores e coletivos de artistas no Brasil. **Intempestiva Revista de Literatura e Artes Visuais,** São Paulo, Editora Urutau, ago. 2021.

NOVAES, R. Reforma Agrária: o mito e sua eficácia. *In:* VILLAS BÔAS, G.; GONÇALVES, M. A. (org.). **O Brasil na virada do século:** o debate dos cientistas sociais. Rio de Janeiro: Relume-Dumará,1995.

O'DOHERTY, B. **No interior do cubo branco. A ideologia do espaço da arte**. São Paulo, Martins Fontes, 2002. Tradução de Carlos S. Mendes Rosa de Inside the White Cube: The ideology of the Gallery Space, 1976.

PÊCHEUX, M. **O discurso:** estrutura ou acontecimento. 4. ed. Campinas, SP: Pontes Editores, 2006.

PEDROSA, M. **Mundo, Homem, Arte em crise.** São Paulo: Editora Perspectiva, 1975.

PIRES, E. **Cidade Ocupada**. Rio de Janeiro: Aeroplano, 2007.

RESENDE, R. **Panorama da Arte Brasileira 2001**. Rio de Janeiro: Editora MAM, 2001.

REZENDE, R.; SCOVINO, F. **Coletivos**. Rio de Janeiro: Editora Circuito, 2010.

SHAPIRO, R.; HEINICH, N. Quando há artificação? Tradução de David Harrad. **Revista Sociedade e Estado,** v. 28, n. 1, jan./abr. 2013.

STRÖMQUIST, L. **A origem do mundo**: uma história cultural da vagina ou a vulva vs. o patriarcado. Tradução de Kristin Lie Garrubo. São Paulo: Quadrinhos na Cia, 2018.

WEBER, M. **A "objetividade" do conhecimento nas Ciências Sociais**. São Paulo: Ática, Weber- Sociologia, 2010[1999].

ZOLBER, V. Incerteza estética como novo cânone: os obstáculos e as oportunidades para a teoria em arte. Tradução de Sabrina Parracho Sant'Anna. **Ciências Humanas e Sociais em Revista,** v. 31, n. 1, jan./jun. 2009.

Artigos de crítica de arte

ANJOS, M. dos. Três coisas que eu acho que sei sobre o *Opavivará!*. **Revista Portfolio**. Revista Digital da Escola de Artes Visuais do Parque Lage, v. 1, n. 2, set. 2013. Disponível em: http://revistaportfolioeav.rj.gov.br/edicoes/02/?p=668. Acesso em: 29 jan. 2014.

DINIZ, C. Partilha da crise: ideologias e idealismos. **Revista Tatuí,** n. 12, 2012. Disponível em: http://issuu.com/tatui/docs/tatui12. Acesso em: 1 fev. 2022.

DUARTE, L. Gesto de resistência. **O Globo,** Rio de Janeiro, 6 maio 2013.

DUARTE, L. O Risco dos coletivos. **Revista Trópico**. Disponível em: http://p.php.uol.com.br/tropico/html/textos/1857,1.shl. Acesso em: 29 jan. 2014.

LABRA, D. Coletivos Artísticos como Capital Social. **Revista Dasartes,** n. 5, ago. 2009.

LIMA, A. L. Nova subjetividade: esboço de uma possibilidade. **Revista Tatuí,** n. 7, ago./set. 2009. Disponível em: http://issuu.com/tatui/docs/tatui_n07. Acesso em: 29 jan. 2014.

OSORIO, L. C. Um panorama e algumas estratégias. *In:* RESENDE, R. **Panorama da Arte Brasileira 2001**. Rio de Janeiro: Editora MAM, 2001.

ROLNIK, Sueli. **Geopolítica da cafetinagem**. São Paulo: maio 2006. Disponível em: http://www.pucsp.br/nucleodesubjetividade/Textos/SUELY/Geopolitica. pdf. Acesso em: 1 fev. 2022.

ROSAS, R. **Nome**: Coletivos, Senha: Colaboração. 2008. Disponível em: http://catadores.wordpress.com/2008/05/31/nome-coletivos-senha-colaboracao-ricardo-rosas/. Acesso em: 1 fev. 2022.

Publicações de artistas de coletivos

ROCHA, R. C. Uma história aborrecida. **Revista Tatuí,** n. 7, ago./set. 2009. Disponível em: http://issuu.com/tatui/docs/tatui_n07. Acesso em: 1 fev. 2022.

Praça de Alimentação Pública Opavivará!. ed. n. 1. Rio de Janeiro, Praça Tiradentes, maio/jun. 2012.

Entrevistas com artistas de coletivos

Entrevista com Grupo Um. **Entrevista publicada no site do CORO** - Coletivos em Rede e Organizações. Disponível em: http://corocoletivo.org/grupo-um/. Acesso em: 7 fev. 2014.

Entrevista com coletivo Branco do Olho. **Entrevista publicada no site do CORO** - Coletivos em Rede e Organizações. Disponível em: http://corocoletivo.org/branco-do-olho/. Acesso em: 7 fev. 2014.

Entrevista concedida pelos artistas do Imaginário Periférico – Deneir Martins, Jorge Duarte, Julio Sekiguchi, Raimundo Rodriguez, Roberto Tavares, Ronald Duarte, Carlos Eduardo Borges e Hélio Branco – por email a David Ribeiro, Lígia Dabul, Luciano Vinhosa, Luiz Sérgio de Oliveira e Martha D' Ângelo. **Revista Poiésis** – Revista do Programa de Pós-Graduação em Ciência da Arte – Universidade Federal Fluminense, n. 13, ano 10, ago. 2009. Disponível em: http://www.poiesis.uff.br/PDF/poiesis13/Poiesis_13_imaginacaopartilhada. pdf. Acesso em: 3 fev. 2014.

Reportagens de jornal e revistas especializadas

AGÊNCIA ESTADÃO. ArtRio registra volume de negócios acima do esperado. **Estadão,** São Paulo, 13 set. 2013. Disponível em: http://www.estadao.com.br/noticias/arteelazer,artrio-registravolume-de-negocios-acima-do-esperado,771951,0. htm. Acesso em: 19 fev. 2014.

FURLANETO, Audrey. Quando seis são apenas um. **O Globo**, Rio de Janeiro, 21 abr. 2012. Disponível em: http://oglobo.globo.com/cultura/opavivara-quando--seis-sao-apenas-um-4696879. Acesso em: 29 jan. 2014.

MARTÍ, Silas. Heróis dos anos 60 e 70 inspiram, com suas ideias libertárias, coletivos de artistas de Rio e Minas. **Folha de São Paulo**, São Paulo, 11 fev. 2010. Disponível em: http://www1.folha.uol.com.br/folha/ilustrada/ult90u692573. shtml. Acesso em: 29 jan. 2014.

ROSA, Victor da; VILELA, Lucila. Helio Oiticica acabou! **Cinco anos Filé de Peixe**, Rio de Janeiro, 2011.

SILVA, Renato. Galeria Pirata. **Revista Soma**, São Paulo, set. 2009. Disponível em: http://issuu.com/maissoma/docs/_soma13_low. Acesso em: 29 jan. 2014.

VELASCO, Suzana. Novo olhar sobre a arte. **O Globo**, Rio de Janeiro, 13 maio 2010. Disponível em: http://www.canalcontemporaneo.art.br/brasa/archives/003007. html. Acesso em: 29 jan. 2014.

Sites

www.corocoletivo.org

www.opavivara.com.br

www.filedepeixe.com.br

http://www.residual-casadascaldeiras.blogspot.com.br/

http://gringoquefala.blogspot.com.br/